云南财经大学国土资源与持续发展研究所成立十周年纪念暨
2014'中国土地开发整治与建设用地上山学术研讨会论文集

中国土地开发整治与建设用地上山研究

主 编／杨子生

云南财经大学国土资源与持续发展研究所
中国自然资源学会土地资源研究专业委员会　编

RESEARCH ON LAND
DEVELOPMENT & REARRANGEMENT
AND BUILDING URBAN
AND INDUSTRIAL PROJECTS
ON MOUNTAINLAND IN CHINA
IN CHINA

社会科学文献出版社
SOCIAL SCIENCES ACADEMIC PRESS (CHINA)

编 委 会

序

欣闻云南财经大学国土资源与持续发展研究所即将迎来10周岁的生日，深感高兴，想写点什么，以表达一种喜悦、一种关怀、一种激励。

历史将记录下这么一个特殊的日子——2004年1月6日，中共云南财贸学院（现云南财经大学）党委正式发文，决定成立云南财贸学院（现云南财经大学）国土资源与持续发展研究所；同日，还正式发文聘任杨子生教授为该所所长。蓦然回首，时光已过去了近10年，即将迎来另一个特殊的日子、一个可喜可贺的日子——2014年1月6日：云南财经大学国土资源与持续发展研究所的10周岁生日！

云南财大国土资源所10年的发展历程，也是伴随中国自然资源学会土地资源研究专业委员会成长、推进我国土地资源学科进一步发展的过程。2004年7月，云南财贸学院（现云南财经大学）国土资源与持续发展研究所负责承办了"2004'全国土地资源态势与持续利用学术研讨会"，来自全国22个省（市、自治区）的正式代表120人以及部分国外专家参加了本次学术盛会，会前出版了精美的大型学术会议论文集《中国土地资源态势与持续利用研究》（倪绍祥、刘彦随、杨子生主编，云南科技出版社2004年7月版，143万字），中国自然资源学会刘纪远理事长为本论文集作序，吴传钧院士、石玉林院士、郑度院士、陆大道院士等分别为本论文集题词。2010年7月，云南财经大学国土资源与持续发展研究所再次承办了中国自然资源学会土地资源研究专业委员会主办的新一届全国性土地资源学术会议——2010'全国山区土地资源开发利用与人地协调发展学术研讨会，来自全国20多个省（区、市）的代表共150余人参加了这次学术大会。作为本次研讨会标志性成果的论文集——《中国山区土地资源开发利用与人地协调发展研究》（刘彦随、杨子生、赵乔贵主编），于2010年6月由中国科学技术出版社正式出版。论文集收录了学术论文105篇，计150余万字，涉及山区土地可持续利用理论与实践等8个前沿领域，全国人大常委会副委员长周铁农先生和中国工程院院士石玉林先生为本论文集欣然题词，中国自然资源学会理事长刘纪远研究员为论文集作序。两次承办全国性土地资源学术会议，既展示了云南财经大学国土资源与持续发展研究所自身的实力，同时也体现了该所对发展和建设我国土地资源学科所做的辛勤努力。此外，2006年以来，杨子生教授一直担任中国自然资源学会土地资源研究专业委员会副主任兼秘书长，与全国有关专家一道在组织全国土地资源学术会议、建设和发展土地资源学科、培养青年土地资源人才等方面做了大量的工作，推动了土地资源研究专业委员会的发展和土地资源学科的进步，2013 年 10 月土地资源研究专业委员会荣获了"中国自然资源学会先进集体"荣誉称号。

研究所成立 10 年以来，切实按照学校制定的"科研强校"战略，紧紧围绕"三高"（即高档次的课题、高水平的论文和高级别的成果奖励），开创性地开展土地资源管理学科建设，大力提升云南财经大学土地资源管理学科在全国的影响力和竞争力，取得了较好的业绩。2005 年该所获批成为云南省第一个土地资源管理二级学科硕士学位授权点。2006 年 3 月该所主持的土地资源管理学被选拔为校级重点学科。2007 年 9 月该所以优异的业绩入选全国甲级土地规划机构。

在科研项目上，杨子生教授先后获得了 3 项国家自然科学基金资助项目，即《滇东南喀斯特石漠化土地整理及其水土保持效益研究》（编号 40661010，研究期限为 2007 年 1 月 ~ 2009 年 12 月）、《近八年退耕还林工程驱动下的云南不同地貌区土地利用变化及其生态效应研究》（编号 40861014，研究期限为 2009 年 1 月 ~ 2011 年 12 月）和《基于云南省城镇上山战略的山区建设用地适宜性评价原理与方法研究》（编号 41261018，研究期限为 2013 年 1 月 ~ 2016 年 12 月）；此外，该所还承担了 7 项云南省自然科学基金资助项目、1 项教育部人文社会科学基金项目、2 项云南省社科项目、6 项云南省教育厅科研基金项目以及省政府、国土资源部、地方政府与国土资源部门相关项目（课题）20 余项。

在科研成果上，2004 年以来共计出版了 7 本学术研究专著；发表了近 100 篇论文，有多篇论文被 SCI、EI 收录；获得了 2 项云南省科技进步二等奖、1 项云南省科技进步三等奖。此外，有 10 余篇论文获"全国土地资源优秀论文奖"一、二等奖。杨子生教授还于 2005 年获得了"云南省有突出贡献的优秀专业技术人才"三等奖。

由于该所长期立足于云南这一地理环境独特、土地利用复杂多样的典型山区省份，以"山区土地利用"为核心和特色，一直致力于山区土地资源评价与土地可持续利用、土地利用规划、耕地资源保护与粮食安全、土地整治、土地生态建设等方向的研究，现已形成了以"山区土地资源可持续利用与管理"为核心的特色研究方向。2012 年 9 月，杨子生教授又新开辟了"钓鱼岛开发与太平洋战略"研究方向。

一分耕耘，一分收获。2013 年 10 月，杨子生教授荣获了首届"中国自然资源学会优秀科技奖"；同时，该所的后起之秀——袁睿佳副教授喜获首届"中国自然资源学会青年科技奖"，表明云南财经大学自然资源科技领域后继有人。

还值得一提的是，该所在培养硕士生方面也取得了较好的业绩，展示了较高的培养质量和水平。近年来，有 2 名在读硕士生先后在著名的核心期刊《自然资源学报》（云南财经大学定为 AA 类期刊）上发表高质量论文，还有一批硕士生分别在《资源科学》等核心期刊和 CSSCI 收录期刊、EI 收录国际会议论文集等发表学术论文；有 2 位硕士生荣获了"研究生国家奖学金"；有 2 位硕士生承担了云南省教育厅科研基金项目（研究生创新项目）。

在未来的科研舞台上，我坚信，云南财经大学国土资源与持续发展研究所将继续以科学发展观为指导，以"科研强校"战略为统领，立足云南，面向全国，紧紧围绕"三高"（即高档次的课题、高水平的论文和高级别的成果奖励），进一步面向云南省委省政府加强山区综合开发、实施中低产田地改造、建设资源节约型与环境友好型社会以及山区新农村建设的战略需求，瞄准"山区土地资源可持续利用与管理"这一核心领域方向，在山区土地可持续利用评价、土地可持续利用模式、土地利用规划、土地生态整治、土地开发复垦整理、土地资源可持续管理等诸多方面深入开展开创性、探索性和前瞻性的研究，有望在云南山区土地资源可持续利用评价、战略模式、规划、整治和管理等方面取得更好的研究成果，为推进山区土地资源开发利用与可持续管理提供理论支持与技术支撑。

值此云南财大国土资源所成立 10 周年之际，杨子生教授提出倡议，为了激发该所全体师生热爱研究所、建设研究所的热情，增强师生们奋发向上的信心和决心，采取"以文会友"的方式，在该所 10 周岁生日（2014 年 1 月 6 日）时，由云南财经大学国土资源与持续发展研究所和中国自然资源学会土地资源研究专业委员会联合举办"2014'中国土地开发整治与建设用地上山学术研讨会"，并在会前（2013 年 12 月）正式出版云南财经大学国土资源与持续发展研究所成立十周年纪念暨 2014'中国土地开发整治与建设用地上山学术研讨会论文集《中国土地开发整治与建设用地上山研究》。这是很有意义之举，这次研讨会及其论文集不仅是云南财大国土资源所的研讨会和文集，也是中国自然资源学会土地资源研究专业委员会的重要学术活动成果之一，作为中国自然资源学会土地资源研究专业委员会主任，我理所当然地给予鼎力支持。

本次研讨会论文集《中国土地开发整治与建设用地上山研究》收录了云南财经大学国土资源与持续发展研究所（有的论文也代表中国自然资源学会土地资源研究专业委员会）近期撰写的12 篇学术研究论文，有的论文已获全国土地资源优秀论文一等奖。论文集内容涉及土地利用规划、土地整治与土地整治规划基础研究、建设用地上山研究等重要战略方面和热点研究领域。这些论文从不同的角度与侧面探讨了土地资源开发利用与整治领域的重大问题，对于进一步推进我国土地资源研究，提高土地资源开发、利用、保护与管理的科技水平，有着重要的意义和价值。本论文集的出版，将对推动我国土地资源领域的研究和土地资源学科的发展产生较好的影响。

在这里，我谨代表中国自然资源学会土地资源研究专业委员会，热烈祝贺云南财经大学国土资源与持续发展研究所成立 10 周年，同时，热诚恭贺云南财经大学国土资源与持续发展研究所和中国自然资源学会土地资源研究专业委员会联合举办的"2014'中国土地开发整治与建设用地上山学术研讨会"论文集《中国土地开发整治与建设用地上山研究》出版问世！

祝愿云南财大国土资源所的明天更美好！

中国自然资源学会土地资源研究专业委员会主任
中国地理学会农业地理与乡村发展专业委员会主任
中国科学院地理科学与资源研究所区域农业与农村发展研究中心主任
中国科学院地理科学与资源研究所土地利用规划研究中心常务副主任
国土资源部退化及未利用土地整治工程重点实验室副主任
北京师范大学长江学者特聘教授

刘彦随
2013 年 12 月于北京

目 录
Contents

A. 土地利用规划研究

【专题述评】土地利用规划，按规划性质可分为土地利用总体规划、土地利用专项规划和土地利用详细规划（规划设计）3类。土地利用总体规划是各级人民政府依法组织对辖区内全部土地资源的开发、利用、整治和保护所作的综合部署和统筹安排。它被誉为土地资源管理的"龙头"。

本专题编入了我们近年来完成的2篇区域性土地利用规划研究论文：

一是《我国钓鱼岛地区土地利用规划的初步构想》，该文是2013年5月31日～6月1日在台湾政治大学举行的"2013年海峡两岸水治理与永续发展"学术研讨会和2013年7月22～23日举行的"2013'全国土地资源开发利用与生态文明建设"学术研讨会的学术报告，并于2013年7月获全国土地资源优秀论文一等奖（中国自然资源学会授奖）（见附图6）。

二是《云南省土地利用区划研究》。土地利用区划（这里指土地利用地域分区）是因地制宜地合理利用、整治和保护土地资源的一项战略措施，是国家级和省级土地利用总体规划的重要组成部分。本文以最新的云南省第二次全国土地调查成果资料为基础，从未来全省因地制宜地实施土地资源可持续利用战略的实际需要出发，按照统筹区域协调发展的战略需求，深入开展云南省土地利用区划研究，旨在为统筹云南省区域土地利用和区域协调发展、因地制宜地实施土地可持续利用战略提供科学依据。

我国钓鱼岛地区土地利用规划的初步构想*

杨子生①② 章正军① 赵乔贵① 袁睿佳① 彭海英① 李滨勇③ 孙家文③ 张博胜①

（①云南财经大学国土资源与持续发展研究所、钓鱼岛开发与太平洋战略研究室，昆明650221；②中国自然资源学会土地资源研究专业委员会，北京100101；③国家海洋环境监测中心、海域管理政策与技术研究院，大连116023）

摘　要　钓鱼岛地区是我国东部非常重要的待开发海岛区域，其区位独特，自然资源丰富，开发利用潜力巨大，可以作为我国未来海岛资源开发的首选区域。本文在我们已提出的钓鱼诸岛及其附近海域资源开发利用主要方向和保障措施的基础上，运用我国土地利用规划的理论与方法，研究和提出了钓鱼岛土地利用规划的基本构想方案。结果表明，钓鱼岛（主岛）规划农用地、建设用地和其他土地的比例结构约为 66∶10∶24。钓鱼岛的建设用地规模规划为 40 hm² 左右，目前主要是钓鱼岛开发特区建设、国营农场、淡水加工厂、发电厂、药材加工厂、其他工矿用地预留、环岛公路及特区连接线、码头、生态旅游设施建设、瞭望塔、观测台和军事设施建设 12 个项目。此外，运用 GIS 技术编制了钓鱼岛土地利用规划构想图。相信这一构想可为未来深入研究和编制钓鱼岛地区土地利用总体规划奠定必要的基础。

关键词　中国　钓鱼岛　土地利用规划　构想

1 引言

以往常说我国"地大物博"，幅员非常辽阔，但由于人口众多，人均国土面积有限，尤其

---

* 作者简介：杨子生（1964～），男，白族，云南大理人，教授，博士后，云南财经大学国土资源与持续发展研究所所长兼钓鱼岛开发与太平洋战略研究室主任；中国自然资源学会土地资源研究专业委员会副主任兼秘书长，中国地理学会农业地理与乡村发展专业委员会副主任，云南省土地学会土地规划专业委员会副主任。主要从事土地资源与土地利用规划、土壤侵蚀与水土保持、自然灾害与减灾防灾、国土生态安全与区域可持续发展等领域的研究工作。电话：0871-65023648；手机：13888964270；E-mail：yangzisheng@126.com。

编者注：本文于 2013 年 7 月获"全国土地资源优秀论文奖"一等奖（中国自然资源学会）。

人均耕地面积、人均水资源和石油等矿产资源占用量都较低。近几十年来，随着人口的进一步增长和经济社会的快速发展，陆地上可供开发的国土资源越来越少，人口膨胀、经济增长、社会发展和资源环境之间的矛盾日益突出，因此，未来国土资源开发利用的重点需要转向辽阔的海洋资源，包括众多的岛屿资源[1]。

"强国之源在海洋"，21世纪是海洋世纪[2]。树立"海洋国土"的理念，深入开发利用海洋资源，实施"海洋强国"战略，是我国经济社会可持续发展战略的必然选择，是实现中华民族伟大复兴的根本保证。党的十八大报告明确提出："提高海洋资源开发能力，发展海洋经济，保护海洋生态环境，坚决维护国家海洋权益，建设海洋强国。"[3]

在我国海洋国土资源调查与开发研究中，最为薄弱的当属钓鱼岛地区。这是我国东部很重要的待开发海岛区域，也是当今地球上极其敏感的热点区域。钓鱼岛地区因其区位独特，自然资源丰富，开发利用潜力巨大，可以作为我国未来海岛资源开发的首选区域[1]。

既然国务院《钓鱼岛是中国的固有领土》白皮书已宣示"钓鱼岛及其附属岛屿是中国领土不可分割的一部分"[4]，我们就理所当然地要从目前实际霸占着钓鱼诸岛的日本手里收回，并对钓鱼岛地区的自然资源进行开发利用、保护和管理，为"海洋强国"建设服务。正如《人民日报》2012年10月8日第3版文章《中国需要这样的坚守》指出："如果连自己的领土主权都没有能力维护，中国几十年高速发展的意义何在？中国又如何对亚洲乃至世界的和平稳定做出更大的贡献？"[5]因此，在目前情况下，尽管我们还没有条件亲自登上钓鱼岛，对钓鱼诸岛及附近海域进行实地调查，但我们可以运用各种方式充分搜集已有的各种调查研究和统计资料，对钓鱼岛地区资源开发战略进行系统的研究，为未来钓鱼岛地区的开发和相关政策的制定提供必要的基础和支撑。这对于我国收复和守护钓鱼岛、开发钓鱼岛乃至建设"海洋强国"有着重要的理论意义和实际指导意义。

鉴于钓鱼岛区域的复杂性和敏感性，本文仅从学术探讨的角度，在已发表的《中国钓鱼诸岛及附近海域资源开发利用的初步探讨》[1]提出的钓鱼诸岛及其附近海域资源开发利用4个主要方向和4个保障措施的基础上，运用我国土地利用规划的理论与方法，就钓鱼岛地区的土地利用规划方案提出初步的基本构想，为将来深入研究和编制钓鱼岛地区土地利用总体规划奠定必要的基础。

研究区域简况与主要开发方向

2.1 研究区域简况

这里所说的钓鱼岛地区是指钓鱼岛及其附属岛屿（亦即钓鱼诸岛或钓鱼岛列岛）以及附近海域。根据《钓鱼岛是中国的固有领土》白皮书[4]，钓鱼岛及其附属岛屿位于中国台湾岛的东北部，是台湾岛的附属岛屿，分布在东经123°20′~124°40′，北纬25°40′~26°00′之间的海域，由钓鱼岛、黄尾屿、赤尾屿、南小岛、北小岛、南屿、北屿、飞屿等岛礁组成，总面积约5.69km²。钓鱼岛位于该海域的最西端，面积约3.91km²，是该海域面积最大的岛屿，主峰海拔 362 米。据统计，钓鱼诸岛周围海域面积约为 17 万 km²，相当于 5 个台湾本岛面积。

已有的相关调查资料和报道表明，钓鱼诸岛及其附近海域有着储量巨大的石油资源、蕴藏丰富的海洋渔业资源以及其他多种矿物资源和生物资源，经济开发价值十分巨大。美国海洋学家 Emery 等 1969 年发表的调查报告[6]认为，东海大陆架可能是世界上最丰富的油田之一，钓鱼岛附近水域可能成为"第二个中东"。同时，因其区位十分独特，对于国家安全具有重大的战略价值，因此，钓鱼岛地区资源开发具有重大意义，有望成为我国"海洋强国"战略实施的切入点。

2.2 主要开发方向及举措

杨子生（2012）在《中国钓鱼诸岛及附近海域资源开发利用的初步探讨》[1]中初步提出了钓鱼诸岛及其附近海域资源开发利用的 4 个主要方向：①重点开发石油资源，发展能源产业；②大力开发生物资源，发展海洋渔业等产业；③适度开发风景资源，发展海岛旅游业；④建立军事基地，守卫国家领土安全。

该文章同时还提出了保障钓鱼诸岛及附近海域资源开发利用的重大措施建议：①行使领土主权，适时设立钓鱼岛开发特区；②深入、系统地开展钓鱼诸岛及海域资源大调查；③科学编制钓鱼诸岛及海域资源开发整治规划体系；④加大钓鱼诸岛及海域的国家安全建设，为开发钓鱼诸岛及海域保驾护航。

目前，在政府尚未对钓鱼岛地区制定开发战略的情况下，本文将上述主要开发方向及举措作为确定钓鱼岛地区土地利用规划构想的基本依据。

3 研究内容与技术依据

3.1 研究思路与主要内容

3.1.1 研究思路

土地利用规划是人们为了改变并控制土地利用方向、优化土地利用结构和布局、提高土地产出率，根据经济社会发展要求和当地的自然、经济和社会条件，对一定区域范围内的土地利用进行空间上的优化组合并在时间上予以实现的统筹安排[7]。鉴于钓鱼岛目前尚无人居住，属于荒岛，不仅缺乏必要的基础调查研究资料（包括土地利用现状调查等），而且国家尚未对钓鱼岛地区的开发利用进行战略上的定位和政策上的制定，因此，本文开展的钓鱼岛地区土地利用规划研究只能是前瞻性的构想。其基本思路是：根据《中国钓鱼诸岛及附近海域资源开发利用的初步探讨》[1]初步提出的钓鱼诸岛及附近海域资源开发利用 4 个主要方向和 4 个重大措施建议，结合钓鱼岛的自然条件和开发利用需求，运用我国已出台的土地利用规划编制规程，研究和制定钓鱼岛地区的土地利用构想方案，为未来制定钓鱼岛地区资源开发战略和政策提供依据。

3.1.2 主要研究内容

按照当前实际，本文拟开展的主要研究内容包括如下几方面。

（1）确定钓鱼岛地区土地利用战略思想和方针；

（2）提出土地利用规划方案的基本构想；

（3）编制土地利用规划构想图；

（4）提出未来深入研究的一些设想。

3.2 规划的主要依据和相关问题说明

3.2.1 规划的主要依据

土地利用规划的依据涉及法律法规、国家政策以及技术规程等方面。

法律法规依据主要是：《联合国海洋法公约》（*United Nations Convention on the Law of the Sea*）[8]、《中华人民共和国土地管理法》[9]、《中华人民共和国土地管理法实施条例》[10]、《中华人民共和国海岛保护法》[11]、《中华人民共和国海域使用管理法》[12]、《中华人民共和国专属经济区和大陆架法》[13]等。

国家政策和相关规划依据主要是：《无居民海岛保护与利用管理规定》[14]、《全国海岛保护规划》[15]、《土地利用总体规划编制审查办法》[16]等。

技术依据和规程主要是：《市县乡级土地利用总体规划编制指导意见》[17]（国土资源部办公厅，2009）、《市（地）级土地利用总体规划编制规程》[18]（TD/T1023 – 2010）、《县级土地利用总体规划编制规程》[19]（TD/T1024 – 2010）、《乡（镇）级土地利用总体规划编制规程》[20]（TD/T1025 – 2010）等。

3.2.2 规划的相关问题说明

1. 规划范围和基数

钓鱼岛地区土地利用规划的区域范围应当是钓鱼岛及其附属岛屿（亦即钓鱼诸岛或钓鱼岛列岛）以及附近海域。但因目前的诸多条件限制，本文对钓鱼岛地区土地利用规划的构想范围暂限于钓鱼岛的主岛部分（既不包括黄尾屿、赤尾屿、南小岛、北小岛、南屿、北屿、飞屿等附属岛屿，也不包括附近海域）。

根据《钓鱼岛是中国的固有领土》白皮书[4]，钓鱼岛面积约 3.91km^2。由于目前尚属无人居住的荒岛，且长期以来由日本实际霸占，所以我国已开展的相关调查（包括 1984 ~ 1996 年开展的第一次土地资源详查和 2007 ~ 2009 年开展的第二次全国土地调查等）均未涉及钓鱼岛，因此钓鱼岛地区尚缺乏各类土地调查数据。

2. 规划期限

按照国土资源部的规定，市（地）级、县级和乡（镇）级土地利用规划的期限一般为 10 ~ 15 年[18~20]。例如，目前正在实施的全国各级土地利用总体规划的期限为 15 年（即 2006 ~ 2020 年）。鉴于钓鱼岛实际情况，本文关于钓鱼岛地区的土地利用规划仅仅是构想性质的，目前还无法确定其期限。待将来我国收复钓鱼岛之后，再根据国家相关战略决策和政策来确定钓鱼岛地区土地利用规划的期限。

4 土地利用战略思想和方针

4.1 土地利用战略思想

以海洋国土理论和"海洋强国"战略为指导，以合理开发利用钓鱼岛地区各类资源、守卫国家领土安全、服务"海洋强国"建设为目标，认真贯彻落实"十分珍惜、合理利用土地和切实保护耕地"的基本国策。在统筹安排、全面规划的基础上，以坚决维护海岛土地资源安全为前提，以有效促进和保障科学发展为重点，以节约集约利用土地为核心，统筹保障发展和保护资源，正确处理中期与长远、局部与整体、需要与可能的关系。切实转变用地观念，创新用地模式，完善用地机制；坚持节约集约利用资源，提高资源利用效率；坚持统筹规划，有效保护和合理利用土地资源，按照保护资源、保障发展、维护权益、服务社会的要求，为钓鱼岛地区总体开发乃至国家太平洋战略提供优质服务和土地资源保障。

4.2 土地利用战略方针

按照上述土地利用战略思想，为了合理开发利用钓鱼岛地区各类资源、守卫国家领土安全和服务"海洋强国"建设，根据土地基本国策和国家有关法规和政策，结合钓鱼岛实际，制定出钓鱼岛土地利用的基本方针，即"严格保护海岛土地资源，控制建设用地总量，大力推进节约和集约用地，充分挖掘用地潜力，统筹安排各类用地"。具体而言就是"四保"：一是保障一定数量的耕地（菜地）；二是在节约集约用地的基础上，保障重点基础设施用地，尤其是城镇用地（钓鱼岛开发特区用地）和交通用地（环岛公路等）、能源（电厂等电力设施）和水利建设用地（淡水加工厂等）；三是保障对钓鱼岛开发有重要作用的重点项目用地，尤其是工矿建设用地以及海岛生态旅游设施用地，推进钓鱼岛资源又好又快地开发；四要保障一定数量的海岛生态用地（包括环岛防护林带），推进钓鱼岛土地生态环境的建设。

5 土地利用规划方案的基本构想

5.1 各类建设用地项目安排与规模

按照我国目前的土地规划用途分类体系[18~20]，共分为农用地、建设用地和其他土地 3 个一级类。其中，建设用地又分出城乡建设用地、交通水利用地和其他建设用地 3 个二级类。按此分类体系，这里分别对钓鱼岛的城乡建设用地、交通水利用地和其他建设用地项目及其用地规模进行安排与规划。

5.1.1 城乡建设用地

按现行土地规划用途分类体系[18~20]，城乡建设用地分为城镇用地、农村居民点用地、采矿用地和其他独立建设用地 4 个三级类。

1. 城镇用地

行使领土主权，开发钓鱼岛，需要适时设立钓鱼岛开发特区[1]。因此，这里的城镇用地也就是钓鱼岛开发特区建设用地，包括特区政府办公建设用地、特区市政人口居民用地、公共设施用地等。

城镇建设用地规模的预测一般采用"人均用地定额指标法"，即在城镇人口规模预测的基础上，参照《城市用地分类与规划建设用地标准》确定人均建设用地指标[21~22]，测算规划的城镇建设用地规模。其计算公式为：

$$U = P \times A/10000 \tag{1}$$

式（1）中：U——规划城镇建设用地面积（hm²）；

P——规划城镇人口（人）；

A——规划人均城镇建设用地指标（m²/人）。

经综合分析，将钓鱼岛开发特区市政人口规模确定为 300 人，人均城镇建设用地确定为 150 m²（按边远地区用地标准）。按上式计算，钓鱼岛城镇用地规模为 4.50 hm²。

2. 农村居民点用地

农村居民点用地（或称村镇用地），在这里主要考虑设立一个国营性质的农场，主要任务是种植一定规模的蔬菜，以满足钓鱼岛开发特区市政人口、驻军以及游客对蔬菜的大部分需求（少部分蔬菜需求则需要从大陆通过海上航运解决）。同时，考虑到钓鱼岛上有着不少药材资源以及具备培育和种植特色药材的条件，可以由农场种植一定规模的药材。经分析，拟建的钓鱼岛国营农场人口规模为 100 人左右，人均建设用地指标可参照《村镇规划标准》（GB50188 - 93）的规定[23]，并考虑钓鱼岛实际，确定为 150 m²。根据"人均用地定额指标法"，经计算，钓鱼岛国营农场建设用地（农村居民点用地）为 1.50 hm²。

3. 采矿用地和其他独立建设用地

目前，主要考虑建设钓鱼岛淡水加工厂、发电厂和药材加工厂，其用地规模各安排 1.00 hm²。此外，预留其他工矿用地 2.60 hm²。因此，采矿用地和其他独立建设用地（以往合称为独立工矿用地）共计为 5.60 hm²。

上述合计城乡建设用地规模为 11.60 hm²。

5.1.2 交通水利用地

交通水利用地主要考虑修建钓鱼岛环岛公路等公路、码头项目。预计交通水利用地规模为 13.00 hm²。

5.1.3 其他建设用地

其他建设用地指城乡建设用地范围之外的风景名胜设施用地、特殊用地、盐田[18~20]。这里主要包括旅游设施用地、瞭望塔、观测台和军事设施用地等方面。

开展海岛生态旅游是钓鱼岛开发的方向之一。经初步分析,考虑旅游设施用地规模为 1.00 hm²。

开发钓鱼岛需要军队的日常守护。相关军事设施用地规模预计为 14.00 hm²。

瞭望塔、观测台用地暂时各安排 0.20 hm²。

上述合计其他建设用地规模为 15.40 hm²。

5.1.4 建设用地项目和总规模

综合上述 3 个方面,钓鱼岛土地利用规划中的建设用地规模合计为 40.00 hm²。主要建设用地项目见表 1。

表 1 钓鱼岛 (主岛) 主要建设用地项目简表

序号	类别	项目名称	用地规模 (hm²)	备注
1	城乡建设用地	钓鱼岛开发特区建设	4.50	
2		钓鱼岛国营农场	1.50	
3		钓鱼岛淡水加工厂	1.00	
4		钓鱼岛发电厂	1.00	
5		钓鱼岛药材加工厂	1.00	
6		钓鱼岛其他工矿用地预留	2.60	
7	交通水利用地	钓鱼岛环岛公路及特区连接线	11.60	总长度约 10km
8		钓鱼岛码头建设	1.40	
9	其他建设用地	钓鱼岛生态旅游设施建设	1.00	
10		钓鱼岛瞭望塔	0.20	
11		钓鱼岛观测台	0.20	
12		钓鱼岛军事设施建设	14.00	
合计			40.00	

5.2 各类农用地安排与规模

根据目前土地规划用途分类体系[18~20],农用地分为耕地、园地、林地、牧草地和其他农用地 5 个二级类。各个地类的初步安排如下。

钓鱼岛开发中,耕地不可能是为了种植粮食作物、保障粮食安全。本文考虑的钓鱼岛耕地开发主要是菜地,规模控制在 10.00 hm² 左右,用于保障钓鱼岛开发特区政府、农场、驻军和游客的大部分蔬菜需求。同时,可兼作乡村生态旅游景观。

园地主要是种植特色药材(在分类上属于"其他园地"),初步考虑,其规模控制在 10.00 hm² 左右。

林地则应当规划为钓鱼岛面积最大的地类,这是出于保护钓鱼岛土地生态安全的需要。除了立地条件较好的陡坡土地和大部分缓坡地安排为林地之外,沿着环岛公路还需要营建防护林带。初步测算,林地规模安排为 238.00 hm²。

牧草地暂不考虑。若将来经过实地调查，确需规划牧草地时，再考虑其规模的安排。

其他农用地主要考虑水沟、水渠以及灌溉等用的水池、田间道路等方面。预计规模为 1.00 hm² 左右。

5.3　其他土地安排与规模

按土地规划用途分类体系[18~20]，其他土地包括水域和自然保留地 2 个二级类。其中，水域包括河流水面、湖泊水面和滩涂 3 个三级类；自然保留地指水域以外，规划期内不利用、保留原有性状的土地，包括冰川及永久积雪、沼泽地、荒草地、盐碱地、沙地、裸地、高原荒漠、苔原等。经综合分析预测，钓鱼岛（主岛）其他土地规模安排为 92.00 hm²。

5.4　土地利用总体结构分析

综合上述各类农用地、建设用地和其他土地的安排，得到了钓鱼岛土地利用总体规划表（见表 2）。从规划钓鱼岛土地利用总体结构来看，农用地 259.00 hm²，占钓鱼岛总面积的 66.24%；建设用地 40.00 hm²，占钓鱼岛总面积的 10.23%；其他土地 92.00 hm²，占钓鱼岛总面积的 23.53%。也就是说，农用地、建设用地和其他土地的面积比例结构规划约为 66∶10∶24。

表 2　钓鱼岛（主岛）土地利用结构规划

规划地类			规划用地面积及比例	
			面积（hm²）	比例（%）
土地总面积			391.00	100.00
农用地		耕地	10.00	2.56
		园地	10.00	2.56
		林地	238.00	60.87
		牧草地	0.00	0.00
		其他农用地	1.00	0.26
		农用地合计	259.00	66.24
建设用地	城乡建设用地	城镇建设用地	4.50	1.15
		农村居民点用地	1.50	0.38
		采矿用地	0.00	0.00
		其他独立建设用地	5.60	1.43
		城乡建设用地小计	11.60	2.97
	交通水利用地		13.00	3.32
	其他建设用地		15.40	3.94
	建设用地合计		40.00	10.23
其他土地		水域	0.00	0.00
		自然保留地	92.00	23.53
		其他土地合计	92.00	23.53

6 土地利用规划构想图的编制

6.1 规划底图

以中国地图出版社 2012 年 9 月出版的《中华人民共和国钓鱼岛及其附近岛屿》专题地图中的 1∶25000 钓鱼岛地图（影像图）[24]（见附图 11 论文《我国钓鱼岛地区土地利用规划的初步构想》插图 1）为基础，结合中国国家地理网（www.dili360.com）地理论坛上的钓鱼岛等高线图，编制出规划底图。

6.2 规划图的编制内容与用地布局

综合反映上述"土地利用规划方案的基本构想"所确定的各类农用地、建设用地和其他土地的空间布局。

除了环岛公路和环岛防护林带沿岛麓布局之外，各类城乡建设用地和耕地（菜地）、园地主要布局于西北部和北部缓坡地带，林地主要布局于立地条件相对较好的缓坡地和部分陡坡地，其他土地主要是自然保留地（裸地、陡崖等）。

6.3 规划图的编制技术

参照国土资源部 2009 年 11 月出台的《县级土地利用总体规划制图规范》和《乡（镇）土地利用总体规划制图规范》，结合钓鱼岛实际，运用 GIS 技术编制规划图（见附图 12 论文《我国钓鱼岛地区土地利用规划的初步构想》插图 2）。

7 主要结论与未来研究展望

7.1 主要结论

本文在我们已提出的钓鱼诸岛及其附近海域资源开发利用主要方向和保障措施基础上，运用我国土地利用规划的理论与方法，研究和提出了钓鱼岛土地利用规划的基本构想。主要包括如下几方面。

（1）钓鱼岛规划农用地、建设用地和其他土地的比例结构约为 66∶10∶24。

（2）钓鱼岛的建设用地规模规划为 40.00 hm² 左右。目前主要是钓鱼岛开发特区建设、国营农场、淡水加工厂、发电厂、药材加工厂、其他工矿用地预留、环岛公路及特区连接线、码头、生态旅游设施建设、瞭望塔、观测台和军事设施建设 12 个项目。

（3）运用 GIS 技术编制了钓鱼岛土地利用规划构想图。

7.2 存在问题与研究展望

由于钓鱼岛地区目前尚缺乏必要的地理环境、自然资源、土地利用现状等诸多方面的调查，甚至尚无基本的地理测绘信息资料（如1:10000 地形图等），因此，本文所进行的钓鱼岛土地利用规划是构想性的、粗线条的。展望未来，要深入开展钓鱼岛地区土地利用规划工作，首先需要做好以下基础工作。

（1）开展钓鱼岛地区基础地理测绘和信息资料建设，编制1:10000 地形图等基础测绘资料和数据库。

（2）条件成熟时，及时开展钓鱼岛地区自然地理（地质、地貌、生物、土壤、水文等）和自然资源综合考察与研究。

（3）在此基础上，开展钓鱼岛地区开发战略研究和综合性开发规划，确定钓鱼岛开发的战略定位。

在上述工作的基础上，运用较为成熟的土地利用规划理论和方法技术，有望编制出符合实际的钓鱼岛地区土地利用总体规划成果，为合理开发利用钓鱼岛地区资源、建设"海洋强国"战略提供支撑。

参考文献

［1］杨子生：《中国钓鱼诸岛及附近海域资源开发利用的初步探讨》［A］，见杨子生主编《中国水治理与可持续发展研究》［C］，北京：社会科学文献出版社，2012，第3～18 页。

［2］马志荣：《海洋强国——新世纪中国发展的战略选择》［J］，《海洋开发与管理》2004 年第6 期，第3～7 页。

［3］胡锦涛：《坚定不移沿着中国特色社会主义道路前进为全面建成小康社会而奋斗——在中国共产党第十八次全国代表大会上的报告》［R］，北京：人民出版社，2012，第39～41 页。

［4］中华人民共和国国务院新闻办公室：《钓鱼岛是中国的固有领土》白皮书［M］，北京：人民出版社，2012。

［5］钟声：《中国需要这样的坚守》［N］，《人民日报》2012 年10 月8 日（3）。

［6］K. O. Emery, Y. Hayashi, T. W. C. Hilde, et al., " Geological Structure and Some Water Characteristics of the East China Sea and the Yellow Sea" ［J］. UNECAFE/CCOP Technical Bulletin, 1969, 2: 3 - 43.

［7］吴次芳主编《土地利用规划》［M］，北京：地质出版社，2000。

［8］United Nations, *United Nations Convention on the Law of the Sea* ［L］, New York: United Nations, 1982.

［9］全国人大常委会：《中华人民共和国土地管理法》［L］，《人民日报》1998 年9 月2 日（8）。

［10］国务院：《中华人民共和国土地管理法实施条例》［L］，中华人民共和国国务院令第256 号，1998 - 12 - 27，《人民日报》1998 年12 月31 日（2）。

［11］全国人大常委会：《中华人民共和国海岛保护法》［L］，《人民日报》2010 年1 月18 日（第16 版）。

［12］全国人大常委会：《中华人民共和国海域使用管理法》［L］，http://www.npc.gov.cn/wxzl/gongbao/2001 - 10/29/content_ 5277076.htm。

［13］全国人大常委会：《中华人民共和国专属经济区和大陆架法》［L］，http://www.npc.gov.cn/wxzl/gongbao/2000 - 12/05/content_ 5004707.htm, 1998 - 6 - 26。

［14］国家海洋局、民政部、总参谋部：《无居民海岛保护与利用管理规定》［Z］，国海发〔2003〕10

号，http：//www. people. com. cn/GB/shizheng/1026/1939809. html，2003 – 6 – 17。

［15］国家海洋局：《关于印发全国海岛保护规划的通知》（国海发〔2012〕22 号）［Z］，http：//www. soa. gov. cn/soa/governmentaffairs/guojiahaiyangjuwenjian/hdgl/webinfo/2012/09/1346633828736823. htm。

［16］国土资源部：《土地利用总体规划编制审查办法》［N］，《中国国土资源报》2009 年 2 月 11 日 （1）。

［17］国土资源部办公厅：《国土资源部办公厅关于印发市县乡级土地利用总体规划编制指导意见的通知》［N］，（国土资厅发〔2009〕51 号），《中国国土资源报》2009 年 6 月 4 日。

［18］中华人民共和国国土资源部：《中华人民共和国土地管理行业标准 TD/T1023 – 2010：市（地）级土地利用总体规划编制规程》［S］，北京：中国标准出版社，2010。

［19］中华人民共和国国土资源部：《中华人民共和国土地管理行业标准 TD/T1024 – 2010：县级土地利用总体规划编制规程》［S］，北京：中国标准出版社，2010。

［20］中华人民共和国国土资源部：《中华人民共和国土地管理行业标准 TD/T1025 – 2010：乡（镇）级土地利用总体规划编制规程》［S］，北京：中国标准出版社，2010。

［21］中华人民共和国建设部：《中华人民共和国国家标准 GBJ137 – 90：城市用地分类与规划建设用地标准》［S］，北京：中国计划出版社，1991，第 1 ~ 20 页。

［22］中华人民共和国住房和城乡建设部：《中华人民共和国国家标准 GB50137 – 2011：城市用地分类与规划建设用地标准》［S］，北京：中国建筑工业出版社，2011，第 1 ~ 20 页。

［23］中华人民共和国建设部主编《中华人民共和国国家标准 GBJ137 – 90：村镇规划标准》［S］，北京：中国建筑工业出版社，1994，第 1 ~ 60 页。

［24］国家测绘地理信息局：《中华人民共和国钓鱼岛及其附近岛屿》（专题地图）［M］，北京：中国地图出版社，2012。

Preliminary Conception Study on Land Use Planning in Chinese Diaoyu Islands Region

Yang Zi-sheng[1][2]   Zhang Zheng-jun[1]   Zhao Qiao-gui[1]   Yuan Rui-jia[1]

Peng Hai-ying[1]   Li Bin-yong[3]   Sun Jia-wen[3]   Zhang Bo-sheng[1]

（[1]Research Office of Diaoyu Islands Development and Pacific Ocean Strategy, Institute of Land & Resources and Sustainable Development, Yunnan University of Finance and Economics, Kunming 650221, China; [2] The Land Resources Professional Committee of China Society of Natural Resources, Beijing 100101, China; [3] National Marine Environment Monitor Center, Dalian 116023, China）

Abstract：As a very important undeveloped area in the eastern China, Diaoyu Islands region can be used as a preferred area of islands resources development in the future for its unique location, abundant natural resources, huge exploitation and utilization potential. Based on the main direction and guarantee measures pointed out by us for the development and utilization of the resources of the Diaoyu Islands and it's Surrounding Sea Area, this paper has studied and put forward the basic conception scheme on land use planning of the Diaoyu Islands by using China's theories and methods for land use planning. The result shows that on the（main island of the）Diaoyu Islands, the ratio between the planned agricultural land, construction land, and other land is about 66∶10∶24. The construction land on the Diaoyu Islands is about 40 hectares in area. Currently, it is reserved for the construction of twelve projects, including the Diaoyu Islands Special Development Zone, Diaoyu Islands State-run Farm, Diaoyu Islands Fresh Water Plant, Diaoyu Islands Power Plant, Diaoyu Islands Medicinal Material Processing Plant, other industrial and mining facilities, Diaoyu Islands Ring Road and Special Zone connecting roads, Diaoyu Islands ecotourism facilities, Diaoyu Islands Watchtower, Diaoyu Islands Observatory and Diaoyu Islands military facilities. In addition, GIS technology has been used to draw land use planning conception map of the Diaoyu Islands. We believe that this conception study will lay a necessary foundation for further deeply studying and compiling the general land use planning in the Diaoyu Islands area.

Keywords：China；Diaoyu Islands；Land use planning；Conception

云南省土地利用区划研究[*]

杨子生[①]　赵乔贵[①②]

（①云南财经大学国土资源与持续发展研究所，昆明 650221；①②云南省国土资源厅，昆明 650224）

摘　要　土地利用区划是因地制宜地合理利用、整治和保护土地资源的一项战略措施。本文基于第二次土地调查和未来土地合理利用战略需要，制定了土地利用区划的原则，确定了由 6 个方面 36 个具体指标构成的区划指标体系，并应用模糊聚类分析法进行了新一轮的云南省土地利用区划研究。将云南省划分为 5 个一级土地利用区域，即 I 滇东北中山山原区、II 滇中中山湖盆高原区、III 滇东南中低山岩溶山原区、IV 滇西北高山高原峡谷区和 V 滇西南中低山盆谷区。其下又进一步分出 17 个二级区。分析表明，这一土地利用分区方案符合云南省的客观实际，基本上反映了云南省土地资源及其利用状况的地域差异性规律，因而是合理的、可行的，能够为未来因地制宜地合理利用土地资源、实施可持续利用战略提供基础依据。

关键词　土地利用　区划　模糊聚类分析法　云南省

土地利用区划（Land Use Regionalization）是土地资源合理开发利用区划的简称，被认为是从空间上合理开发利用土地资源的一项战略措施[1]。自 1963 年以来，我国在土地利用区划

---

* 基金项目：国家自然科学基金资助项目（41261018）；云南省第二次全国土地调查领导小组办公室资助项目《云南省第二次全国土地调查省级汇总文字成果编著及出版项目》。

作者简介：杨子生（1964~），男，白族，云南大理人，教授，博士后，所长。主要从事土地资源与土地利用、土壤侵蚀与水土保持、国土生态安全与区域可持续发展等领域的研究工作。电话：0871 - 5023648（兼传真）；手机 13888964270；E-mail：yangzisheng@126.com；地址：昆明市龙泉路 237 号云南财经大学国土资源与持续发展研究所；邮编：650221。

领域的研究成果不断涌现[2~73]，这些成果既有土地利用区划理论的探讨[1~12]和区划方法的尝试[13~39]，又涉及各级区域的土地利用区划实践，如国家级区划[40~43]、省级区划[44~54]等，还有区划研究进展或综述[55~60]，使土地利用区划的理论和方法不断得到发展。在云南，1997~1999年进行《云南土地资源》撰写[61]和1991年以来三次开展《云南省土地利用总体规划（1997~2010年）》编制时均对云南省土地利用区域进行了划分[62]。这些研究工作，为深入开展云南省土地利用区划研究奠定了较好的基础。在国家决定深入实施西部大开发战略、云南建设中国面向西南开放的重要"桥头堡"（简称"桥头堡"战略）等新形势下，本文以最新的云南省第二次全国土地调查成果资料为基础，从未来全省因地制宜地实施土地资源可持续利用战略的实际需要出发，按照统筹区域协调发展的战略需求，进一步开展云南省土地利用区划研究，旨在为统筹云南省区域土地利用和区域协调发展、因地制宜地实施土地可持续利用战略提供科学依据。

1 土地利用区划的原则

土地利用区划（或土地利用综合分区）是因地制宜地实施区域土地资源可持续利用战略和管理的基础性工作。科学地确定分区原则、客观地选取分区指标、合理地制定分区系统、适当地运用科学的区划方法，是分区工作中最关键、最基本的环节。

区划原则取决于区划目的。根据云南省自然和社会经济、土地资源禀赋和土地利用状况、经济社会发展战略和空间布局，以及未来土地利用方向、结构、布局、政策和措施的区域差异性，在空间上综合划分土地利用区域，并制定相应的区域土地利用政策、调控指标和措施，为统筹云南省区域土地利用和区域协调发展提供科学依据。根据本次土地利用分区的基本目的，结合云南实际，确定出以下6条原则。

1. 体现区域发展战略的要求

本次土地利用综合分区是为了统筹区域土地利用、促进区域协调发展，因此，要围绕区域发展战略来进行土地利用综合分区，并提出分区土地利用政策、调控指标和措施，以保障统筹区域协调发展目标的实现。

2. 综合考虑自然与经济社会条件的相似性

自然条件是土地利用的基础，尤其是地貌、气候、土壤、植被等，是组成土地自然综合体的基本要素。自然条件的差异，为不同的土地利用提供了可能性，直接影响着土地利用方向、措施和效益。但是，自然条件所提供的可能性必须在一定的社会经济条件下才能实现。社会经济条件的差异，在很大程度上制约或促进了对土地自然条件的利用，并影响到土地利用的方向、结构、布局、措施及综合效益。因此，综合考虑区域自然条件和经济社会条件，依据各区域资源禀赋条件和产业发展定位对土地利用进行综合分区，才能因地制宜、合理地利用和管理土地资源。

3. 土地资源禀赋条件、利用现状及存在问题的相对一致性

这是一条基础性原则。土地资源禀赋条件和土地利用现状是制定区域性土地利用规划的基础和依据；现有土地利用中存在的问题可以为今后合理利用土地资源指明方向，是研究未来土地资源合理利用与整治方向和措施体系的重要依据。因此，在土地利用分区中，需要遵循这一基础性原则。

4. 土地资源合理利用与整治方向和管理措施的相对一致性

这一原则很重要，它可以说是实现土地利用区划的基本原则。因为这一区划是一种有着特定目的的区划，亦即它是为因地制宜地制定土地利用规划和可持续利用战略措施体系、保障统筹区域协调发展目标服务的。土地资源的合理利用与整治方向是由多种因素决定的，不仅取决于土地资源固有的自然环境因素，还与区域经济社会发展对土地资源及其利用的要求、国家与地方政策和法规等因素相关。同时，一定的土地利用与整治方向需要相应的管理措施来保障和支撑。因此，这是一条综合性的原则。

5. 集中连片性

集中连片是所有区划的共性和基本要求，它实际上也就是地理学上常说的区域共轭性原则。这一原则强调地域的整体性，每一个区划单位都必须且必然是空间上连续的地域个体。

6. 照顾到县级行政界线的完整性

在农业区划、土地利用区划等许多区划中，一般都要求照顾到某一级行政界线的完整性，其基本目的是便于生产、计划、规划、管理等部门的实际应用。此外，保持行政界线的完整，也有利于有关基础资料的搜集和整理。就云南省而言，由于其地域较广，目前在行政区划上包括了 129 个县（市、区），再考虑到目前的资料情况，云南省土地利用综合分区应照顾到县级行政界线的完整，即不打破县级行政界线。

以上 6 条原则中，前 4 条原则是为了实现区划目的而提出的，而后 2 条原则是为了取得区划界线而需要加以遵守的。

$\mathcal{2}$ 土地利用区划的指标体系及其计算

分区指标可以说是分区原则的实际应用和具体体现。确定了分区原则之后，如何对上述原则进行科学的应用以及采用什么指标加以体现，是进行分区的关键所在。根据本项区划工作需要和可能得到的基础资料，在参考和借鉴以往土地利用综合分区指标体系的基础上，结合云南实际情况及指标的可获取性，建立了由 6 个指标类（即生态环境条件指标、社会经济条件指标、土地资源与土地利用结构指标、土地质量指标、土地开发整治指标和土地利用效率指标）、36 个元指标组成的云南省土地利用综合分区指标体系（见表 1）。

按照表 1 中的各项指标计算方法及其基础数据来源，这里计算和确定出 129 个县（市、区）的 36 个指标数据表（见表 2），作为进行土地利用区划的基础依据。

表1　云南省土地利用区划指标体系及计算方法

指标类	代号	元指标	计算方法	基础数据来源
1. 生态环境条件指标	I_1	坝区土地面积比重（%）	$I_1 = \dfrac{坝区土地面积}{土地总面积} \times 100\%$	云南省坝子核定数据（2011年）
	I_2	>25°土地面积比重（%）	$I_2 = \dfrac{>25°土地面积}{土地总面积} \times 100\%$	《云南省不同气候带和坡度的土地面积》[63]
	I_3	年均气温（℃）	—	《云南省农业气候资料集》[64]
	I_4	≥10℃积温（℃）	—	《云南省农业气候资料集》[64]
	I_5	低热层土地面积比重（%）	$I_5 = \dfrac{北热带面积 + 南亚热带面积}{土地总面积} \times 100\%$	《云南省不同气候带和坡度的土地面积》[63]
	I_6	高寒层土地面积比重（%）	$I_6 = \dfrac{温带面积 + 寒温带面积}{土地总面积} \times 100\%$	《云南省不同气候带和坡度的土地面积》[63]
	I_7	年均降水量（毫米/年）	—	《云南省农业气候资料集》[64]
	I_8	森林覆盖率（%）	$I_8 = \dfrac{有林地面积}{土地总面积} \times 100\%$	"二调" 2009年12月31日统一时点汇总数
	I_9	水土流失面积比重（%）	$I_9 = \dfrac{轻度以上土壤侵蚀面积}{土地总面积} \times 100\%$	引自《云南省2004土壤侵蚀现状遥感调查报告》
	I_{10}	年均土壤侵蚀模数〔吨/（平方公里·年）〕	$I_{10} = \dfrac{年均土壤侵蚀量}{土地总面积}$	《云南省2004土壤侵蚀现状遥感调查报告》
2. 社会经济条件指标	I_{11}	人均GDP（元/人）	$I_{11} = \dfrac{地区生产总值（GDP）}{总人口}$	《云南统计年鉴2010》[65]
	I_{12}	第一产业比重（%）	$I_{12} = \dfrac{第一产业产值}{地区生产总值} \times 100\%$	《云南统计年鉴2010》[65]
	I_{13}	第二产业比重（%）	$I_{13} = \dfrac{第二产业产值}{地区生产总值} \times 100\%$	《云南统计年鉴2010》[65]
	I_{14}	第三产业比重（%）	$I_{14} = \dfrac{第三产业产值}{地区生产总值} \times 100\%$	《云南统计年鉴2010》[65]
	I_{15}	农民人均纯收入（元/人）	—	《云南统计年鉴2010》[65]
	I_{16}	人均粮食产量（千克/人）	$I_{16} = \dfrac{粮食总产量}{总人口}$	《云南统计年鉴2010》[65]
3. 土地资源与土地利用结构指标	I_{17}	人均土地面积（公顷/人）	$I_{17} = \dfrac{土地总面积}{总人口}$	"二调" 2009年12月31日统一时点汇总数
	I_{18}	人均耕地面积（公顷/人）	$I_{18} = \dfrac{耕地面积}{总人口}$	"二调" 2009年12月31日统一时点汇总数
	I_{19}	土地利用率（%）	$I_{19} = \dfrac{已利用土地（= 农用地 + 建设用地）}{土地总面积} \times 100\%$	"二调" 2009年12月31日统一时点汇总数
	I_{20}	土地垦殖率（%）	$I_{20} = \dfrac{耕地面积}{土地总面积} \times 100\%$	"二调" 2009年12月31日统一时点汇总数
	I_{21}	建设用地比重（%）	$I_{21} = \dfrac{建设用地面积}{土地总面积} \times 100\%$	"二调" 2009年12月31日统一时点汇总数
	I_{22}	城镇工矿用地占建设用地比重（%）	$I_{22} = \dfrac{城镇工矿用地（= 城镇用地 + 工矿用地）}{建设用地面积} \times 100\%$	"二调" 2009年12月31日统一时点汇总数

指标类	代号	元指标	计算方法	基础数据来源
4. 土地质量指标	I_{23}	宜耕地占耕地总面积比重（%）	$I_{23} = \dfrac{宜耕地面积}{耕地总面积} \times 100\%$	课题组分析研究数
	I_{24}	Ⅰ等宜耕地占宜耕地总面积比重（%）	$I_{24} = \dfrac{一等宜耕地面积}{宜耕地总面积} \times 100\%$	课题组分析研究数
	I_{25}	Ⅱ等宜耕地占宜耕地总面积比重（%）	$I_{25} = \dfrac{二等宜耕地面积}{宜耕地总面积} \times 100\%$	课题组分析研究数
	I_{26}	Ⅲ等宜耕地占宜耕地总面积比重（%）	$I_{26} = \dfrac{三等宜耕地面积}{宜耕地总面积} \times 100\%$	课题组分析研究数
5. 土地开发整治指标	I_{27}	土地开发整理补充耕地潜力（公顷）	$I_{27} = 开发补充耕地 + 复垦补充耕地 + 整理补充耕地$	课题组调查研究数
	I_{28}	>25°坡耕地占总耕地面积比重（%）	$I_{28} = \dfrac{>25°坡耕地面积}{耕地面积} \times 100\%$	"二调" 2009 年 12 月 31 日统一时点汇总数
	I_{29}	梯田梯地化水平（%）	$I_{28} = \dfrac{>2°梯田梯地面积}{>2°耕地面积} \times 100\%$	"二调" 2009 年 12 月 31 日统一时点汇总数
	I_{30}	耕地有效灌溉率（%）	$I_{30} = \dfrac{耕地有效灌溉面积（=水田 + 水浇地）}{耕地面积} \times 100\%$	"二调" 2009 年 12 月 31 日统一时点汇总数
	I_{31}	裸地比例（%）	$I_{31} = \dfrac{裸地面积}{土地总面积} \times 100\%$	"二调" 2009 年 12 月 31 日统一时点汇总数
6. 土地利用效率指标	I_{32}	总土地平均 GDP（元/公顷）	$I_{32} = \dfrac{地区生产总值（GDP）}{土地总面积}$	"二调" 2009 年 12 月 31 日统一时点汇总数与《云南统计年鉴 2010》[65]
	I_{33}	农用地平均第一产业产值（万元/公顷）	$I_{33} = \dfrac{第一产业产值}{农用地面积}$	"二调" 2009 年 12 月 31 日统一时点汇总数与《云南统计年鉴 2010》[65]
	I_{34}	建设用地平均二、三次产业产值（万元/公顷）	$I_{34} = \dfrac{第一产业产值 + 第二产业产值}{建设用地面积}$	"二调" 2009 年 12 月 31 日统一时点汇总数与《云南统计年鉴 2010》[65]
	I_{35}	总人均建设用地（平方米/人）	$I_{35} = \dfrac{建设用地面积}{总人口}$	"二调" 2009 年 12 月 31 日统一时点汇总数与《云南统计年鉴 2010》[65]
	I_{36}	人均城乡建设用地（平方米/人）	$I_{36} = \dfrac{城乡建设用地（=城镇 + 村庄 + 工矿）面积}{总人口}$	"二调" 2009 年 12 月 31 日统一时点汇总数与《云南统计年鉴 2010》[65]

注：水富县的年均气温、≥10℃积温和年均降水量引自《昭通地区国土资源》（云南昭通行署经济技术研究室，1992 年 12 月）。

表2　云南省土地利用区划指标数据表

县号	县名	I_1	I_2	I_3	I_4	I_5	I_6	I_7	I_8	I_9	I_{10}	I_{11}	I_{12}	I_{13}	I_{14}	I_{15}	I_{16}	I_{17}	I_{18}
3	官渡区	47.02	4.21	14.5	4490.3	0.00	36.97	1035.3	29.02	32.92	917	53620	2.33	38.65	59.02	7718	28	0.08	0.013
5	东川区	2.22	60.37	20.2	6703.9	3.74	50.61	700.5	19.04	74.47	6079	11474	9.49	63.45	27.06	2695	234	0.63	0.111
6	呈贡县	50.14	2.25	14.7	4506.1	0.00	17.01	797.0	16.39	35.74	989	25966	12.62	47.79	39.59	6805	45	0.22	0.037
16	马龙县	22.73	1.75	13.6	3899.8	0.00	29.42	1024.3	37.23	34.12	977	10131	24.57	44.70	30.73	3152	411	0.82	0.206
21	会泽县	5.84	35.29	12.7	3540.1	0.40	67.06	808.2	37.97	62.77	2864	9128	19.78	58.41	21.81	2370	394	0.64	0.142
24	红塔区	16.79	27.23	15.7	5105.2	0.00	21.33	913.9	48.59	17.79	699	80297	2.62	76.26	21.12	6373	154	0.20	0.037
27	通海县	22.98	15.35	15.6	4910.1	0.00	13.45	870.3	45.94	21.18	736	13891	20.43	40.28	39.29	5762	116	0.24	0.061
35	腾冲县	10.07	35.01	14.9	4665.0	5.11	16.32	1451.9	69.04	26.68	865	9057	27.59	28.63	43.78	3482	490	0.89	0.129
38	昭阳区	16.39	22.09	11.5	3217.0	1.30	48.82	738.6	15.00	37.51	1649	12691	12.42	47.93	39.64	2927	323	0.27	0.093
40	巧家县	1.46	56.00	21.1	7299.4	7.53	59.22	790.0	25.40	62.79	3534	4365	44.21	22.98	32.81	2465	332	0.60	0.141
46	彝良县	0.49	39.50	17.0	5366.6	10.48	11.15	777.1	48.32	44.61	1788	4359	30.70	38.57	30.73	2310	286	0.51	0.140
53	宁蒗县	2.30	44.79	12.8	3782.3	0.03	87.16	925.3	68.07	26.69	1046	4436	29.65	25.49	44.86	1938	284	2.34	0.250
54	思茅区	1.87	28.03	17.8	6296.4	70.91	0.00	1514.1	62.53	17.44	690	17810	12.23	39.30	48.47	3472	196	1.50	0.079
57	景东县	2.47	52.04	18.4	6443.4	22.96	7.25	1097.2	68.80	20.92	937	6611	46.31	20.35	33.34	3063	349	1.17	0.146
62	澜沧县	1.02	30.17	19.1	6894.3	44.11	0.03	1629.2	51.19	27.77	1036	4764	33.68	31.52	34.80	1737	366	1.75	0.332
65	凤庆县	0.62	42.06	16.6	5594.1	13.67	8.37	1318.4	32.71	33.20	1291	5980	42.63	23.75	33.62	2926	311	0.73	0.145
70	耿马县	7.35	33.24	18.8	6723.0	51.73	3.87	1316.3	30.17	24.59	976	9114	45.45	22.14	32.41	2964	302	1.30	0.240
72	楚雄市	5.34	44.83	15.5	4941.2	1.93	21.93	826.8	65.17	40.97	1392	25492	10.59	56.64	32.78	4029	340	0.80	0.097
77	大姚县	2.92	51.64	15.7	4875.3	0.10	49.08	796.3	52.96	45.13	1969	8305	32.75	33.39	33.87	3267	377	1.39	0.133
84	蒙自县	17.89	26.00	18.6	6255.1	2.80	2.82	834.3	18.70	46.37	1253	15278	18.06	50.32	31.61	3612	328	0.54	0.153
90	元阳县	0.27	59.11	16.4	5102.0	45.25	5.65	1397.6	43.42	42.32	1801	4458	36.09	24.70	39.21	2156	348	0.56	0.141
95	文山县	10.20	32.88	17.8	5779.7	0.66	5.07	1015.0	22.60	54.21	1446	18567	11.45	45.99	42.56	2954	325	0.65	0.227
101	广南县	3.32	49.32	16.7	5146.9	17.63	0.00	1066.8	31.86	37.94	1236	4735	41.83	19.56	38.61	2202	334	1.00	0.158
103	景洪市	5.76	26.52	21.9	7949.9	92.96	0.00	1196.0	52.24	25.42	836	15704	24.54	32.36	43.10	4218	256	1.42	0.066
106	大理市	28.63	25.63	15.3	4864.9	0.04	32.55	1068.6	42.10	26.92	989	25109	7.91	48.06	44.03	4872	229	0.27	0.038
108	祥云县	13.93	23.48	14.7	4483.1	0.00	10.72	819.6	52.11	33.70	1345	11080	30.99	48.79	20.22	3359	366	0.53	0.087
121	盈江县	10.27	25.25	19.4	6975.3	37.40	3.98	1459.8	65.94	21.50	981	10250	30.57	41.88	27.55	3122	493	1.44	0.156
124	福贡县	0.00	88.31	17.0	5454.0	3.17	63.15	1401.9	47.54	14.02	663	4987	20.22	38.09	41.68	1248	323	2.86	0.119
127	香格里拉县	3.56	53.19	5.4	1387.8	0.00	93.55	624.8	66.96	18.99	825	26168	7.10	41.48	51.42	3026	388	7.01	0.134

续表

县号	县名	I_{19}	I_{20}	I_{21}	I_{22}	I_{23}	I_{24}	I_{25}	I_{26}	I_{27}	I_{28}	I_{29}	I_{30}	I_{31}	I_{32}	I_{33}	I_{34}	I_{35}	I_{36}
3	官渡区	91.26	16.19	27.38	58.28	98.80	44.30	37.26	18.44	0.21	0.43	19.34	30.53	0.53	64.44	2.35	229.85	226.5	168.9
5	东川区	59.52	17.48	2.96	30.01	71.31	11.35	18.24	70.41	0.25	27.27	14.55	10.38	5.75	1.81	0.30	55.27	187.4	161.8
6	呈贡县	80.85	16.53	22.96	75.53	99.06	57.81	29.22	12.96	0.15	0.94	12.89	58.98	2.24	11.58	2.52	44.07	509.3	434.9
16	马龙县	88.29	25.19	4.93	32.77	97.85	1.63	24.50	73.87	0.36	0.15	18.07	30.36	0.38	1.23	0.36	18.75	403.9	268.5
21	会泽县	79.61	22.10	3.02	11.88	96.97	1.19	39.78	59.03	0.72	2.31	55.94	6.24	4.81	1.42	0.37	37.61	194.0	147.7
24	红塔区	98.46	18.50	10.72	51.80	97.22	67.01	13.14	19.85	0.12	1.58	39.13	56.58	0.52	40.29	1.20	366.06	212.9	171.7
27	通海县	92.51	25.06	5.47	32.81	98.39	74.60	6.62	18.78	0.15	1.23	32.22	50.21	0.12	5.72	1.34	83.07	132.7	108.8
35	腾冲县	95.66	14.44	2.89	18.05	91.63	24.06	34.27	41.67	0.79	0.00	56.15	59.69	0.23	1.01	0.30	25.24	258.5	225.3
38	昭阳区	78.59	34.88	5.96	16.75	76.61	12.63	25.24	62.14	0.23	13.65	2.58	8.70	1.21	4.72	0.81	69.29	159.6	118.8
40	巧家县	72.75	23.42	2.80	10.12	73.77	5.53	8.37	86.09	0.23	25.35	20.59	4.27	1.52	0.73	0.46	14.47	168.8	152.4
46	彝良县	97.56	27.58	1.89	6.13	62.86	4.68	7.78	87.54	0.22	31.19	20.80	2.40	0.24	0.85	0.27	31.24	96.2	88.7
53	宁洱县	89.01	10.65	0.78	13.44	80.50	1.27	4.58	94.15	0.30	8.23	5.01	6.67	1.00	0.21	0.07	18.80	182.2	150.2
54	思茅区	95.57	5.26	2.27	40.04	96.13	19.51	29.76	50.73	0.26	3.01	41.03	36.49	0.04	1.18	0.16	45.68	340.4	273.3
57	景东县	94.33	12.46	1.74	6.58	89.01	26.26	76.04	-2.29	0.86	10.36	49.90	22.65	0.07	0.56	0.28	17.37	204.1	179.0
62	澜沧县	95.18	18.99	1.02	8.50	89.08	1.78	4.73	93.49	1.65	10.08	20.62	21.34	0.25	0.27	0.10	17.71	178.1	146.1
65	凤庆县	89.39	19.98	2.03	8.51	77.96	3.71	27.99	68.30	0.56	10.92	14.27	14.69	1.03	0.82	0.40	23.18	147.6	122.2
70	耿马县	93.73	18.41	1.43	17.31	86.89	4.24	8.96	86.80	1.44	9.88	16.76	24.45	0.18	0.70	0.34	26.62	186.7	150.6
72	楚雄市	94.32	12.09	3.16	27.11	96.75	25.43	16.94	57.63	0.56	0.47	83.70	35.22	0.20	3.17	0.37	89.58	253.6	186.0
77	大姚县	90.02	9.58	1.62	8.62	76.63	28.12	32.01	39.86	0.46	16.69	43.63	29.22	0.87	0.60	0.22	24.74	225.0	166.0
84	蒙自县	85.10	28.43	5.37	29.49	92.75	3.74	12.92	83.34	0.39	6.39	7.67	16.02	5.44	2.83	0.64	43.20	289.3	187.4
90	元阳县	96.20	25.06	1.39	11.19	78.06	4.93	22.01	73.06	0.57	20.12	65.80	49.27	0.11	0.79	0.30	36.25	78.2	67.3
95	文山县	87.31	34.97	2.78	39.37	95.87	8.53	20.81	70.66	0.49	3.80	9.53	12.36	9.54	2.84	0.38	90.51	180.1	159.7
101	广南县	77.84	15.78	1.51	16.21	73.99	1.39	6.08	92.53	0.81	22.28	21.19	27.79	13.59	0.47	0.26	18.28	150.4	122.6
103	景洪市	98.49	4.66	1.78	30.40	98.09	36.49	13.53	49.98	0.66	1.45	66.29	81.06	0.02	1.10	0.28	46.53	253.6	210.1
106	大理市	76.48	14.00	6.94	42.59	94.99	40.18	18.16	41.66	0.16	4.09	25.30	59.59	1.15	9.18	1.04	121.88	188.2	156.9
108	祥云县	94.91	16.40	4.08	21.71	91.58	13.47	20.80	65.73	0.40	4.92	34.59	38.16	1.39	2.09	0.71	35.38	216.9	155.1
121	盈江县	95.01	10.82	1.58	19.37	98.20	17.37	37.24	45.39	1.10	1.31	40.25	66.95	0.06	0.71	0.23	31.25	226.8	180.6
124	福贡县	82.48	4.17	0.37	6.90	19.00	3.53	43.66	52.81	0.02	80.55	12.59	10.57	4.76	0.17	0.04	37.44	105.8	92.6
127	香格里拉县	84.95	1.91	0.61	24.19	82.59	6.23	33.21	60.57	0.56	4.90	41.55	14.75	10.58	0.37	0.03	56.31	427.3	314.8

注：因篇幅所限，这里仅列出部分县（市、区）的区划指标数据。

3 土地利用区划的方法

区划的方法很多，较为常用的是综合分析法和分区单元归并法，也可以是这两种方法的综合。综合分析法是在综合分析和了解研究区域基本情况、土地利用特征、土地资源禀赋、后备土地资源潜力、人地关系特点、土地利用方向与措施的基础上划分不同的土地利用区域。这种方法是定性的，大多带有主观经验的特点，因而亦称为主观经验法。分区单元归并法，即将各个分区单元归并成不同的土地利用区，分区单元可以是行政单元，如以县（市、区）为分区单元，选取一定的指标，采用模糊聚类分析法，将分区单元归类，确定分区单元的归属，划分各类土地利用区域。经过认真分析和反复探索，云南省土地利用综合分区主要采用模糊聚类分析法（即定量的分区单元归并法）来进行，并在必要时辅之以综合分析法，以使分区方案更加完善、更加符合云南实际。

任何一种区划（或分区），其理论基础都是地域分异理论，土地利用区划也是如此，它就是以区内相似性和区间差异性特征为基础，采用归纳相似性与区分差异性这一原理，来划分土地利用区域。这种分区的过程，实际上就是聚类的过程，亦即将那些在土地生态环境条件和社会经济条件、土地资源禀赋与土地利用结构、土地质量状况、土地开发整治和土地利用效率、土地资源利用方向与管理措施等方面大致相同或相似的分区单元聚为一类（即归纳为一个土地利用区域），而将差异较大的分区单元聚为不同的类（即区分为不同的土地利用区域）。因此，模糊聚类方法在土地利用分区工作中具有良好的应用前景。其方法步骤如下：

（1）区划指标数据的选取。见表2。

（2）指标数据的处理。为便于分析、比较，通常需要进行数据标准化。采用以下公式[66]（极差标准化公式）：

$$x_{ij} = \frac{x_{ij} - \min\limits_{j}\{x_{ij}\}}{\max\limits_{j}\{x_{ij}\} - \min\limits_{j}\{x_{ij}\}} \quad (i = 1,2,\cdots,m; \quad j = 1,2,\cdots,n) \tag{1}$$

式（1）中，m 为分区单元数（县数），n 为指标数。经过这种标准化所得的新数据，各要素的极大值为1，极小值为0，其余的数值均在 $0 \sim 1$ 之间。

（3）模糊相似矩阵 $\overline{R}(r_{ij})_{max}$ 的建立

进行聚类，首先需要选择一个能衡量对象间相似性与差异性的分类统计量，即分类对象间的相似程度系数 r_{ij}，从而确定论域上的模糊相似矩阵 $\overline{R}$：

$$\overline{R} = \begin{bmatrix} r_{11} & r_{12} & \cdots & r_{1m} \\ \cdots\cdots\cdots\cdots\cdots\cdots \\ r_{21} & r_{22} & \cdots & r_{2m} \\ \cdots\cdots\cdots\cdots\cdots\cdots \\ \cdots & \cdots & \cdots & \cdots \\ \cdots\cdots\cdots\cdots\cdots\cdots \\ r_{m1} & r_{m2} & \cdots & r_{mm} \end{bmatrix}$$

（其中，$0 \leqslant r_{ij} \leqslant 1$，$i = 1,2,\cdots,m$；$j = 1,2,\cdots,m$）

本研究由 129 个县（市）构成一个相似矩阵：$\overline{R}(r_{ij})_{129 \times 129}$（$i = 1,2,\cdots,126$；$j = 1,2,\cdots,126$）。

（4）相似系数 r_{ij} 的计算

r_{ij} 的确定方法多达 10 余种，这里选用"夹角余弦法"来计算，其公式为：

$$r_{ij} = \frac{\sum_{k=1}^{n} x_{ik} x_{jk}}{\sqrt{\left(\sum_{k=1}^{n} x_{ik}^2\right)\left(\sum_{k=1}^{n} x_{jk}^2\right)}} \tag{2}$$

式（2）中，x_{ik} 表示标准化后第 i 个分区单元的第 k 个指标值，x_{jk} 表示标准化后第 j 个分区单元的第 k 个指标值。

（5）模糊聚类

模糊聚类有多种方法[67]，本研究采用模糊等价矩阵聚类法。该方法是把上述处理后得到的模糊相似关系矩阵，根据传递闭包方法改造成模糊等价关系矩阵，然后选定适当的 λ（∈ [0，1]）值，利用模糊等价关系矩阵，在 λ 水平集上进行分类。根据我们编制的程序，可以输入多个 λ 值进行动态聚类，以便反复优选聚类结果。

4 土地利用分区方案

4.1 分区体系与命名规则

根据云南省自然环境（尤其是地貌格局）和社会经济条件复杂、土地利用地域差异较大的特点，本次土地利用区划采用二级制的分区体系，即划分"区"和"亚区"。

"区"为一级土地利用区域，主要从宏观上反映云南省土地利用总体格局的地域差异性特征，为统筹区域土地利用提供依据。由于云南为典型的山区省份，地貌格局复杂，而且总体的地貌格局从根本上决定了全省土地利用总体格局的地域差异性特点，因此，一级土地利用区域的命名采用"地理区位 + 地貌格局或地貌类型组合 + 区"的形式。"区"的代号用罗马字母 Ⅰ、Ⅱ、Ⅲ……表示。

"亚区"为二级土地利用区域，是在一级土地利用区域之内，进一步按照统筹区域协调发展的战略需求，主要根据土地利用主导功能或者土地利用和整治方向的差异性来进行划分。二级土地利用区域的命名采用"主要地名或地理区位 + 土地利用主导功能或土地利用和整治方向 + 亚区"的形式。"亚区"的代号系在"区"代号（罗马字母）右下角用阿拉伯数字表示，如 Ⅰ₁、Ⅱ₂、Ⅲ₃ 等。

4.2 土地利用分区方案

在运用模糊聚类方法进行反复优选的基础上，再经综合分析、归并和局部调整，将全省划分为 5 个一级土地利用区域，即Ⅰ滇东北中山山原区、Ⅱ滇中中山湖盆高原区、Ⅲ滇东南中低山岩溶山原区、Ⅳ滇西北高山高原峡谷区和Ⅴ滇西南中低山盆谷区（见表3）。其下又进一步分出17个亚区（二级区）。总体而言，这一土地利用综合分区的结果符合云南省的客观实际，基本上反映了云南省土地资源及其利用状况的地域差异性规律，因而是合理的、可行的。

根据上述土地利用分区方案，运用GIS技术编制了云南省土地利用分区图（见图1）。

表3 云南省土地利用分区方案

一级区			二级区		
代号	名称	区域范围	代号	名称	区域范围
Ⅰ	滇东北中山山原区	昭通市、昆明市东川区、曲靖市的宣威市和会泽县，共计14个县（市、区）	Ⅰ₁	昭通－东川－宣威工矿城镇土地整治亚区	昆明市东川区，昭通市昭阳区和鲁甸县，曲靖市的宣威市和会泽县，共计5个县（市、区）
			Ⅰ₂	金沙江下游中高山河谷农地整治亚区	昭通市巧家县、永善县、绥江县和水富县，共计4个县
			Ⅰ₃	滇东北山原坡耕地整治亚区	昭通市盐津县、大关县、镇雄县、彝良县和威信县，共计5个县
Ⅱ	滇中中山湖盆高原区	昆明市（除东川区之外）、曲靖市（除宣威市和会泽县之外）、楚雄州、玉溪市、大理州（除云龙县和剑川县之外）、红河州泸西县以及丽江市永胜县和华坪县，共计52个县（市、区）	Ⅱ₁	滇中城市工矿旅游用地亚区	昆明市五华区、盘龙区、官渡区、西山区、呈贡县、晋宁县、安宁市、富民县、宜良县、石林县和嵩明县，曲靖市麒麟区、马龙县、陆良县和沾益县，楚雄州楚雄市和禄丰县，玉溪市红塔区、江川县、澄江县、通海县、华宁县和易门县，红河州泸西县，共计24个县（市、区）
			Ⅱ₂	大理城市工矿旅游用地亚区	大理州大理市、漾濞县、祥云县、宾川县、弥渡县、南涧县、巍山县、永平县、洱源县和鹤庆县，共计10个县（市）
			Ⅱ₃	滇东岩溶高原农业用地亚区	曲靖市师宗县、罗平县和富源县，共计3个县
			Ⅱ₄	金沙江中游农林业用地亚区	昆明市禄劝县和寻甸县，楚雄州牟定县、南华县、姚安县、大姚县、永仁县、元谋县和武定县，丽江市永胜县和华坪县，共计11个县
			Ⅱ₅	新平－元江农业与工矿用地亚区	玉溪市峨山县、新平县和元江县，楚雄州双柏县，共计4个县
Ⅲ	滇东南中低山岩溶山原区	红河州（除泸西县外）和文山州，共20个县（市）	Ⅲ₁	个开蒙城市工矿与旅游用地亚区	红河州个旧市、开远市、蒙自县、建水县、石屏县和弥勒县，文山州文山县、砚山县和丘北县，共9个县（市）
			Ⅲ₂	滇东南喀斯特石漠化整治与农林业用地亚区	红河州屏边县和河口县，文山州西畴县、麻栗坡县、马关县、广南县和富宁县，共7个县
			Ⅲ₃	哀牢山梯田农业与乡村生态旅游用地亚区	红河州元阳县、红河县、金平县和绿春县，共4个县
Ⅳ	滇西北高山高原峡谷区	怒江州，迪庆州，大理州云龙县和剑川县，丽江市古城区、玉龙县和宁蒗县，共计12个县（区）	Ⅳ₁	怒江高山峡谷土地生态保护亚区	怒江州贡山县、福贡县和泸水县，共计3个县
			Ⅳ₂	澜沧江高山峡谷土地整治与矿电用地亚区	怒江州兰坪县，迪庆州德钦县、维西县，大理州云龙县，共计4个县
			Ⅳ₃	丽江－香格里拉高山高原旅游与城镇用地亚区	迪庆州香格里拉县，大理州剑川县，丽江市古城区、玉龙县和宁蒗县，共计5个县（区）

续表

一级区			二级区		
代号	名称	区域范围	代号	名称	区域范围
V	滇西南中低山盆谷区	普洱市、西双版纳州、保山市、德宏州和临沧市，共计31个县（市、区）	V₁	滇西城市边贸旅游与粮食主产亚区	保山市隆阳区、腾冲县和龙陵县，德宏州，共计8个县（市、区）
			V₂	滇西南粮食与热作农业亚区	普洱市墨江县、景东县、镇沅县、江城县、孟连县、澜沧县和西盟县，保山市施甸县和昌宁县，临沧市，共计17个县（市、区）
			V₃	滇南城市旅游与热作农业亚区	普洱市思茅区、宁洱县和景谷县，西双版纳州，共计6个县（市、区）

图 1　云南省土地利用区划示意图

参考文献

[1] 杨子生，郝性中：《土地利用区划几个问题的探讨》[J]，《云南大学学报》（自然科学版）1995 年第 17（4）期，第 363～368 页。

[2] 许牧：《试论土地利用区划》[J]，《经济地理》1982 年第 1 期，第 18～21 页。

[3] 杨子生：《在土地适宜性评价基础上进行土地合理利用区划初探》[J]，《国土与自然资源研究》1991 年第 4 期，第 24～27 页。

[4] 杨子生：《土地合理利用区划的若干基本问题之探讨》[J]，《玉溪师专学报》（自然科学版）1992 年第 5 期，第 44～50 页。

[5] 刘福恕、陈克：《论土地利用总体规划中的分区问题》[J]，《中国土地科学》1992 年第 5（6）期，第 28～30 页。

[6] 李盛湖：《对土地利用区划的研讨》[J]，《干旱区研究》1994 年第 11（4）期，第 38～42 页。

[7] 徐邓耀、税远友：《论土地利用分区》[J]，《四川师范学院学报》（自然科学版）1996 年第 17（2）期，第 71～74 页。

[8] 李乔、唐景新：《干旱绿洲区土地利用分区理论与方法研究——以新疆吐鲁番市土地利用分区为例》[J]，《干旱区研究》1998 年第 15（3）期，第 60～64 页。

[9] 覃发超、李铁松、张斌等：《浅析主体功能区与土地利用分区的关系》[J]，《国土资源科技管理》2008 年第 25（2）期，第 25～28 页。

[10] 韩书成、濮励杰：《土地利用分区内容及与其他区划的关系》[J]，《国土资源科技管理》2008 年第 25（3）期，第 11～16 页。

[11] 张洁瑕、陈佑启、姚艳敏：《现代土地利用区划新设想》[J]，《地理与地理信息科学》2008 年第 24（4）期，第 75～79 页。

[12] 蔡玉梅、郑伟元：《土地利用分区与差别化的土地利用政策》[J]，《国土资源》2008 年第 12 期，第 53～54 页。

[13] 高慧卿、樊兰瑛：《山西省土地利用分区方法初探》[J]，《农业系统科学与综合研究》1994 年第 10（4）期，第 309～312、314 页。

[14] 王虚、张正雄、李学明等：《聚类分析在土地利用分区中的应用》[J]，《安徽农业科学》1995 年第 23（4）期，第 360～362 页。

[15] 杨子生、杨绍武：《模糊聚类方法在四川省土地利用区划中的应用》[A]，见中国自然资源学会等编《土地资源与土地资产研究论文集》[C]，长沙：湖南科学技术出版社，1996，第 513～519 页。

[16] 郑新奇：《山东省土地利用分区界限模型判别的探讨》[J]，《农业系统科学与综合研究》1996 年第 12（3）期，第 172～175 页。

[17] 甘永萍：《聚类分析方法在土地利用区划中的应用——以广西河池市为例》[J]，《广西师范学院学报》（自然科学版）1997 年第 14（2）期，第 9～13 页。

[18] 周生路、傅重林、铁成等：《土地利用地域分区方法研究——以桂林市为例》[J]，《土壤》2000 年第 32（1）期，第 6～10 页。

[19] 杨凤梅：《非专业软件 Photoshop 绘制土地利用分区图探索》[J]，《东北测绘》2000 年第 23（2）

期，第 17 ~ 18 页。

[20] 段滔：《应用 Coreldraw 编制〈湖北省土地利用分区图〉的实践》[J]，《三晋测绘》2001 年第 2
期，第 25 ~ 27 页。

[21] 陈百明：《基于区域制定土地可持续利用指标体系的分区方案》[J]，《地理科学进展》2001 年第
20（3）期，第 247 ~ 253 页。

[22] 王秀红、何书金、张镱锂等：《基于因子分析的中国西部土地利用程度分区》[J]，《地理研究》
2001 年第 20（6）期，第 731 ~ 738 页。

[23] 刘晓莹：《利用卫片判读编制土地区划图的研究》[J]，《林业勘查设计》2002 年第 2 期，第 68 ~
69 页。

[24] 姚晓军、马金辉、年雁云等：《最小方差法在甘肃省土地利用分区中的应用》[J]，《甘肃科学学
报》2005 年第 17（1）期，第 48 ~ 52 页。

[25] 彭建、王军：《基于 Kohonen 神经网络的中国土地资源综合分区》[J]，《资源科学》2006 年第 28
（1）期，第 43 ~ 50 页。

[26] 李默、李晓东、马爱慧：《基于 SPSS 的新疆土地利用分区》[J]，《资源与产业》2006 年第 8（4）
期，第 59 ~ 62 页。

[27] 王雁雁、王红梅：《基于土地利用现状评价的黑龙江省分区》[J]，《国土与自然资源研究》2007
年第 1 期，第 52 ~ 53 页。

[28] 张雅杰、张俊玲、杨洋等：《层次聚类分析法在连州市土地利用分区中的应用》[J]，《国土资源科
技管理》2007 年第 24（5）期，第 71 ~ 76 页。

[29] 张彤吉、赵言文、朱闪闪：《基于 SPSS 的长三角土地利用分区研究》[J]，《江西农业学报》2007
年第 19（11）期，第 77 ~ 80 页。

[30] 张洁瑕、陈佑启、姚艳敏等：《基于土地利用功能的土地利用分区研究——以吉林省为例》[J]，
《中国农业大学学报》2008 年第 13（3）期，第 29 ~ 35 页。

[31] 丛明珠、欧向军、赵清等：《基于主成分分析法的江苏省土地利用综合分区研究》[J]，《地理研
究》2008 年第 27（3）期，第 574 ~ 582 页。

[32] 孙伟、严长清、陈江龙等：《基于自然生态约束的滨湖城市土地利用分区——以无锡市区为例》
[J]，《资源科学》2008 年第 30（6）期，第 925 ~ 931 页。

[33] 齐伟、曲衍波、刘洪义等：《区域代表性景观格局指数筛选与土地利用分区》[J]，《中国土地科
学》2009 年第 23（1）期，第 33 ~ 37 页。

[34] 言迎、王应龙、杨延：《层次聚类分析法在土地利用分区中的应用——以益阳市南县为例》[J]，
《内蒙古农业科技》2009 年第 5 期，第 83 ~ 85 页。

[35] 焦庆东、杨庆媛、冯应斌等：《基于 Pearson 分层聚类的重庆市土地利用分区研究》[J]，《西南大
学学报》（自然科学版）2009 年第 31（6）期，第 173 ~ 178 页。

[36] 金儒成、梅再美、蔡广鹏等：《主导因素法对利用聚类分析进行土地利用分区的校正研究——以贵
州省仁怀市和罗甸县为例》[J]，《安徽农业科学》2010 年第 38（15）期，第 8115 ~ 8118、8171
页。

[37] 赵荣钦、黄贤金、钟太洋等：《聚类分析在江苏沿海地区土地利用分区中的应用》[J]，《农业工程
学报》2010 年第 26（6）期，第 310 ~ 314 页。

[38] 冯仁德、汪景宽、姚杰：《基于聚类分析法的土地利用分区研究》[J]，《价值工程》2010 年第 29

（13）期，第132～133页。

[39] 张俊平、胡月明、阙泽胜等：《基于主分量模糊 c-均值算法的区域土地利用分区方法探讨——以广东省大埔县为例》[J]，《经济地理》2011年第31（1）期，第134～139页。

[40] 邓静中：《我国土地利用现状区划》[A]，见《中国农业土壤志》[C]，北京：农业出版社，1964，第23～48页。

[41] 赵其国：《中国土地资源及其利用区划》[J]，《土壤》1989年第20（3）期，第113～119页。

[42] 封志明：《一个基于土地利用详查的中国土地资源利用区划新方案》[J]，《自然资源学报》2001年第16（4）期，第325～333页。

[43] 陈百明：《中国土地利用与生态特征区划》[J]，北京：气象出版社，2003，第19～51页。

[44] 赵小敏、鲁成树、刘菊萍：《江西省土地利用分区研究》[J]，《江西农业大学学报》1998年第20（3）期，第387～392页。

[45] 黄进良、饶鸣、张宇宾：《湖北土地利用区划与可持续利用区域模式》[J]，《华中师范大学学报》（自然科学版）2002年第36（4）期，第521～525页。

[46] 邓敏娜、张明辉、黄飞：《湖南省土地合理利用与战略分区研究》[J]，《国土资源导刊》2006年第3（6）期，第21～24页。

[47] 陈云川、朱明苍、罗永明：《区域土地利用综合分区研究——以四川省为例》[J]，《软科学》2007年第21（1）期，第92～95页。

[48] 吴胜军、洪松、任宪友等：《湖北省土地利用综合分区研究》[J]，《华中师范大学学报》（自然科学版）2007年第41（1）期，第138～142页。

[49] 王玉波、雷国平：《统筹黑龙江省土地利用分区与战略对策研究》[J]，《地理与地理信息科学》2008年第24（2）期，第61～65页。

[50] 廖晓勇、陈治谏、王海明等：《西藏土地利用综合分区》[J]，《山地学报》2009年第27（1）期，第96～101页。

[51] 张元玲、任学慧、钞锦龙：《辽宁省土地利用综合分区研究》[J]，《资源与产业》2009年第11（4）期，第46～50页。

[52] 潘竟虎、石培基、孙鹏举：《统筹甘肃省土地利用分区研究》[J]，《中国土地科学》2009年第23（9）期，第9～14页。

[53] 李淑杰、窦森、王利敏：《吉林省土地利用综合分区及调控政策研究》[J]，《安徽农业科学》2010年第38（2）期，第846～848、882页。

[54] 程力：《土地利用分区与差别化的土地利用引导措施——广西土地利用总体规划解读五》[J]，《南方国土资源》2010年第4期，第32～33页。

[55] 雏爱萍：《西安市土地利用分区》[J]，《地域研究与开发》1994年第4期，第28～31、64页。

[56] 郭娅、濮励杰、赵姚阳等：《国内外土地利用区划研究的回顾与展望》[J]，《长江流域资源与环境》2007年第16（6）期，第759～763页。

[57] 郧文聚、范金梅：《我国土地利用分区研究进展》[J]，《资源与产业》2008年第10（2）期，第9～14页。

[58] 张洁瑕、陈佑启：《中国土地利用区划研究概况与展望》[J]，《中国土地科学》2008年第22（5）期，第62～68页。

[59] 范树平、程久苗、程美琴等：《国内外土地利用分区研究概况与展望》[J]，《广东土地科学》2009

年第 8（4）期，第 22～27 页。

[60] 冯红燕、谭永忠、王庆日等：《中国土地利用分区研究综述》[J]，《中国土地科学》2010 年第 24（8）期，第 71～76 页。

[61] 云南省土地管理局、云南省土地利用现状调查领导小组办公室：《云南土地资源》[M]，昆明：云南科技出版社，2000，第 397～447 页。

[62] 王经培主编《云南省土地利用总体规划研究》[M]，昆明：云南大学出版社，1997，第 14～17 页。

[63] 云南省农业区划委员会办公室：《云南省不同气候带和坡度的土地面积》[M]，昆明：云南科技出版社，1987，第 8～50 页。

[64] 云南省气象局：《云南省农业气候资料集》[M]，昆明：云南人民出版社，1984，第 61～123 页。

[65] 云南省统计局：《云南统计年鉴 2010》[M]，北京：中国统计出版社，2010，第 493～547 页。

[66] 徐建华：《现代地理学中的数学方法》[M]，第 2 版，北京：高等教育出版社，2002，第 69～335 页。

[67] 毛禹功、何湘藩、戴正德等：《现代区域规划模型技术》[M]，昆明：云南大学出版社，1991，第 262～265。

Study on Land Use Regionalization in Yunnan Province

Yang Zi-sheng[1]   Zhao Qiao-gui[1,2]

(① Institute of Land & Resources and Sustainable Development, Yunnan University of Finance and Economics, Kunming 650221; ② Department of Land & Resources of Yunnan Province, Kunming 650224, China)

Abstract：Land use regionalization is a strategic measure to rational use, renovation and protection of land resources according to the local condition. This article made the principles of land use regionalization based on data of the second land survey and needs of future rational land use strategic, developed the regionalization index system composed of six aspects, 36 specific indicators, and mapped out a new land use regionalization by using the method of fuzzy cluster analysis. In the paper, Yunnan is divided into five regions and seventeen sub-regions in land use. Region I called the middle mountain plateau area in northeast Yunnan; Region II called the plateau area with middle mountain and lake basin in central Yunnan; Region III called the middle and low karst mountain area in southeast Yunnan; Region IV called the alp, plateau and gorge area in northwest Yunnan; Region V called the middle and low mountain basin and valley area in southwest Yunnan. Analysis in the paper shows that the scheme of this land use regionalization accords with the objective reality of yunnan, reflects basically the regional difference rule of land resources and its utilization states in Yunnan province, and so it is reasonable and feasible and can provide a basis for future rational use of land resources and implementing sustainable use stratagem according to the local condition.

Keywords：Land use; Regionalization; The method of fuzzy cluster analysis; Yunnan province

B. 土地整治与土地整治规划基础研究

【专题述评】按照国土资源部2013年1月23日发布、2013年2月1日开始实施的《市（地）级土地整治规划编制规程》（TD/T1034-2013）和《县级土地整治规划编制规程》（TD/T1035-2013），土地整治（Land Rearrangement）是指以提高土地利用率、保障土地资源可持续利用为目的，对未合理利用土地的整理、因生产建设破坏和自然灾害损毁土地的修复以及未利用土地的开发等活动。它包括农用地整理、农村建设用地整理、城镇工矿建设用地整理、土地复垦和宜耕后备土地资源开发等。自1998年我国修订《土地管理法》以来，在全国范围内开展了一系列土地整治（整理、复垦、开发）工作，为保障耕地数量、提升耕地质量和改善土地生态环境做出了重大的贡献。土地整治规划是实施和深化土地利用总体规划的重要手段，是指导各级行政区土地整治活动的政策性文件，是土地整治项目立项及审批的基本依据，是统筹安排各类土地整治资金的重要依据。2011年以来，全国开展了新一轮的土地整治规划编制工作。本专题结合我所承担的国家自然科学基金项目（41261018）以及德宏州国土资源局委托项目"德宏州土地整治规划（2011~2015年）编制"等课题，组织了5篇土地整治与土地整治规划基础研究论文，以期对我国土地整治与土地整治规划基础研究领域的发展有所裨益。

我国西南边疆山区州级上轮土地开发整理规划实施评价

——以云南省德宏傣族景颇族自治州为例[*]

贺一梅[①]　杨子生[②]　余文忠[③]

（①云南财经大学旅游与服务贸易学院，昆明 650221；②云南财经大学国土资源与持续发展研究所，昆明 650221；③德宏州国土资源局，芒市 678400）

摘　要　上轮土地整治规划实施情况评价是本轮州（市）级土地整治规划编制的重要分析研究内容之一。本文以地处我国西南边疆山区的云南省德宏傣族景颇族自治州为例，按照《市（地）级土地整治规划编制规程》的规定，总结了德宏州"十一五"期间土地整治工作经验，分析和评价了德宏州上轮规划目标任务落实情况，重点是补充耕地任务、耕地占补平衡目标和重点项目的落实情况，评价了德宏州上轮规划实施的经济效益、社会效益和生态效益，并提出了开展本轮土地整治规划编制的建议，为编制《德宏傣族景颇族自治州土地整治规划（2011～2015 年）》提供了基础依据，同时也为其他相关地区研究评价州（市）级上轮土地整治规划实施情况提供参考和借鉴。

关键词　土地开发整理　土地整治　规划　实施　评价　德宏州

引言

土地整治规划是近年来我国各级政府和国土资源部门组织开展的重要专项规划。其中，州（市）级土地整治规划既是落实省级土地整治规划的重要环节，也是实施州（市）级土地利用总体规划的重要手段，是指导州（市）级行政区土地整治活动的政策性文件，是统筹安排各

＊　基金项目：国家自然科学基金资助项目（41261018）；德宏州国土资源局委托项目"德宏州土地整治规划（2011～2015 年）编制"。

作者简介：贺一梅（1968～），女，助理研究员，主要从事人文地理、土地资源与土地利用规划、区域可持续发展等领域的研究工作。E-mail：heyimei6666@126.com。

类土地整治资金的重要依据。根据国土资源部 2013 年 1 月 23 日发布的《市（地）级土地整治规划编制规程》[1]（TD/T1034 - 2013）的有关规定，本轮土地整治规划编制应当对上轮土地整治规划实施和土地整治相关工作进行分析评价。也就是说，上轮土地整治规划实施情况评价已成为本轮州（市）级土地整治规划编制的重要分析研究内容之一。本文拟以地处我国西南边疆山区的德宏傣族景颇族自治州为例，对州（市）级上轮土地开发整理规划（即《德宏傣族景颇族自治州土地开发整理规划（2001～2010 年）》，简称《上轮规划》）的实施展开尝试性评价与研究。通过充分收集、整理和分析德宏州已有各种土地整治资料和调查资料，并进行必要的补充调查，按照《市（地）级土地整治规划编制规程》的规定，总结了德宏州"十一五"期间土地整治工作经验，分析和评价了德宏州上轮土地开发整理规划目标任务落实情况，重点是补充耕地任务、耕地占补平衡目标和重点项目的落实情况，评价了规划实施的经济效益、社会效益和生态效益，并提出开展本轮土地整治规划编制的建议，为编制《德宏傣族景颇族自治州土地整治规划（2011～2015 年）》提供基础依据，同时也为其他相关地区研究评价州（市）级上轮土地整治规划实施情况提供参考和借鉴。

 "十一五"期间土地整治工作经验

2.1 全州"十一五"期间土地整治项目实施情况

"十一五"期间（2006～2010 年），是德宏州开展土地整治项目较多的时期。据统计，在"十一五"期间，德宏州共计实施各类土地整治项目 71 项（包括 2006 年之前开始实施但"十一五"期间仍继续进行的项目），土地整治总规模达 33927.07 hm²，新增耕地规模 9320.94 hm²，平均增加耕地系数 27.47%，投资额合计 92425.68 万元（见表 1）。

表 1　德宏州各县（市）"十一五"期间实施土地整治项目情况

县（市）	实施土地整治项目数（项）	土地整治规模（hm²）	新增耕地面积（hm²）	平均新增耕地系数（%）	投资额（万元）
芒　市	18	8235.68	2138.85	25.97	19182.96
瑞丽市	10	3390.14	367.88	10.85	9381.59
梁河县	7	2356.34	377.42	16.02	4200.77
盈江县	15	5942.36	2604.19	43.82	15389.70
陇川县	21	14002.55	3832.60	27.37	44270.66
德宏州合计	71	33927.07	9320.94	27.47	92425.68

2.2 土地整治工作主要经验

德宏州土地整治工作认真贯彻落实党和国家的有关土地整治工作各项方针、政策，以保护和提高粮食综合生产能力和可持续发展能力为出发点，以规划为导向，以制度创新为动力，以土地整理为重点，科学规划，加强管理，全面提高土地整治水平，积极推进高标准农田建设，落实最严格保护耕地制度，确保耕地占补平衡，加快新农村建设步伐。最主要的经验有如下几条。

（1）认真执行"五制"，按规范要求运作；

（2）落实岗位责任，严把项目实施质量关；

（3）严格项目资金管理与使用；

（4）精心组织，切实抓好项目实施管理。

3 上轮土地开发整理规划目标任务落实情况

3.1 上轮规划目标任务

《上轮规划》确定的主要目标任务包括以下两方面（见表2）。

（1）土地开发整理补充耕地规模 6000.00 hm^2。

（2）土地开发整理重点项目规划 46 项，其规模合计为 20843.40 hm^2，新增耕地面积合计 5560.00 hm^2，平均新增耕地系数 26.68%，投资额合计 54221.34 万元。

表 2 德宏州《上轮规划》主要目标任务

指 标		单位	规划目标
土地开发整理补充耕地规模		hm^2	6000.00
土地开发整理重点项目	项目数	项	46
	项目规模合计	hm^2	20843.40
	新增耕地面积合计	hm^2	5560.00
	平均新增耕地系数	%	26.68
	投资额合计	万元	54221.34

3.2 上轮规划目标任务落实情况评价

3.2.1 补充耕地目标任务落实情况

根据《德宏州 2001～2010 年耕地占补平衡情况表》统计，全州 2001～2010 年通过土地开发、复垦和整理共计补充耕地 14529.22 hm^2，比《上轮规划》确定的补充耕地目标 6000.00 hm^2 多了 8529.22 hm^2，亦即比《上轮规划》目标多了 142.15%（见表3）。

3.2.2 耕地占补平衡任务实现情况

《上轮规划》确定的全州 2001～2010 年各类建设占用耕地指标为 3000.00 hm^2，相应的占补平衡任务为 3000.00 hm²。根据《德宏州 2001~2010 年耕地占补平衡情况表》统计，全州 2001~2010 年实际建设占用耕地为 4497.59 hm²，2001~2010 年实际通过土地开发、复垦和整理共计补充耕地 14529.22 hm²，比实际建设占用耕地规模多了 10031.63 hm²，亦即多了 223.04%。可见，德宏州耕地占补平衡任务的实现情况非常好。

3.2.3 土地开发整理重点项目目标实现情况

《上轮规划》确定的全州 2001~2010 年土地开发整理重点项目规划为 46 项，合计规模为 20843.40 hm²，其中新增耕地面积合计 5560 hm²，平均新增耕地系数 26.68%，46 项投资额合计 54221.34 万元。根据《德宏州 2001~2010 年已实施土地整治项目统计表》（略），全州 2001~2010 年已实施土地整治项目达 77 项，比《上轮规划》确定的目标多了 31 项，亦即多了 67.39%；整治项目合计规模达 34236.73 hm²，比《上轮规划》确定的目标多了 13393.33 hm²，亦即多了 64.26%；整治项目新增耕地面积合计达 9384.92 公顷，比《上轮规划》确定的目标多了 3824.92 公顷，亦即多了 68.79%；整治项目平均新增耕地系数达 27.41%，比《上轮规划》确定的目标多了 0.73 个百分点，亦即多了 2.74%；整治项目投资额合计达 92793.78 公顷，比《上轮规划》确定的目标多了 38572.44 公顷，亦即多了 71.14%。

上述目标任务落实情况表明，在国家和省的支持下，经过德宏州的 10 年努力，《上轮规划》的实施情况较好，主要目标任务均已超额完成，在耕地占补平衡上有力地实现了"补大于占"，为云南省耕地总量动态平衡目标的实现做出了重要贡献。

表 3　德宏州《上轮规划》目标任务落实情况

指　　标		单位	规划目标	实际落实数	实际落实数比规划目标 多（＋）或少（－）
土地开发整理补充耕地规模		hm²	6000	14529.22	8529.22
土地开发整理重点项目	项目数	项	46	77	31
	项目规模合计	hm²	20843.40	34236.73	13393.33
	新增耕地面积合计	hm²	5560	9384.92	3824.92
	平均新增耕地系数	%	26.68	27.41	0.73
	投资额合计	万元	54221.34	92793.78	38572.44

4 规划实施的经济效益、社会效益和生态效益评价

德宏州《上轮规划》的有效实施，不仅使德宏州耕地"占补平衡"目标顺利实现，多年来呈现"补大于占"的良好局面，同时，使耕地资源质量状况和农业生产条件得到显著改善，取得了明显的经济效益、社会效益和生态效益。

4.1 规划实施的经济效益

4.1.1 经济效益评价指标

参考全国在土地整治规划实施方面已有的较为成熟的经济效益评价指标，结合德宏州实际，根据评价工作需要和可能条件（主要是基础资料和数据），这里选用规划实施前（2000年）和实施后（2010年）的粮食平均单产、种植业（狭义农业）产值、种植业（狭义农业）用地生产率、农业总产值及农用地生产率5个指标进行分析评价（见表4）。

表4 德宏州土地整治规划实施经济效益评价指标

评价指标	单位	含义和计算方法	数据来源
粮食平均单产	kg/hm²	粮食平均单产 = $\dfrac{粮食总产量}{粮食作物播种面积}$	《德宏统计年鉴》
种植业产值	万元	指狭义农业产值	《德宏统计年鉴》
种植业用地生产率	元/hm²	种植业用地生产率 = $\dfrac{种植业产值}{种植业用地面积}$	土地变更调查和《德宏统计年鉴》
农业总产值	万元	指大农业产值	《德宏统计年鉴》
农用地生产率	元/hm²	农用地生产率 = $\dfrac{农业总产值}{农用地面积}$	土地变更调查和《德宏统计年鉴》

4.1.2 《上轮规划》实施经济效益评价

根据德宏州土地变更调查和《德宏统计年鉴》等调查和统计资料，按照表4统计和计算的结果表明，德宏州《上轮规划》实施的经济效益较为显著，表现在如下方面（见表5）。

表5 德宏州《上轮规划》实施经济效益评价

评价指标	单位	实施前（2000年）	实施后（2010年）	净增量	净增率（%）
粮食平均单产	kg/hm²	4173.97	4502.08	328.11	7.86
种植业产值	万元	129772	348446	218674	168.51
种植业用地生产率	元/hm²	6125.85	16041.21	9915.36	161.86
农业总产值	万元	187337	579985	392648	209.59
农用地生产率	元/hm²	1924.62	5604.03	3679.41	191.18

（1）全州粮食平均单产从实施前（2000年）的4173.97kg/hm²，提高到实施后（2010年）的4502.08kg/hm²，净增长328.11kg/hm²，净增率为7.86%。

（2）全州种植业产值（狭义的农业产值）从实施前（2000年）的129772万元，提高到实施后（2010年）的348446万元，净增加218674万元，净增率达168.51%。

（3）全州种植业用地生产率从实施前（2000年）的6125.85元/hm²，提高到实施后（2010年）的16041.21元/hm²，净增长9915.36元/hm²，净增率为161.86%。

（4）全州农业总产值（广义的农业产值，即农林牧渔业总产值）从实施前（2000年）的187337万元，提高到实施后（2010年）的579985万元，净增加392648万元，净增率达209.59%。

（5）全州农用地生产率从实施前（2000年）的1924.62元/hm²，提高到实施后（2010年）的5604.03元/hm²，净增长3679.41元/hm²，净增率为191.18%。

4.2 规划实施的社会效益

4.2.1 社会效益评价指标

参考全国在土地整治规划实施效益方面已有的相对成熟的社会效益评价指标，结合德宏州实际，根据评价工作需要和可能条件（主要是基础资料和数据），这里选用规划实施前（2000年）和实施后（2010年）的人均粮食产量、农业人均粮食产量、人均肉类产量、人均农业产值、农民人均纯收入5个指标进行分析评价（见表6）。

表6　德宏州土地整治规划实施社会效益评价指标

评价指标	单位	含义和计算方法	数据来源
人均粮食产量	kg/人	人均粮食产量 = $\dfrac{粮食总产量}{总人口}$	《德宏统计年鉴》
农业人均粮食产量	kg/人	农业人均粮食产量 = $\dfrac{粮食总产量}{农业人口}$	《德宏统计年鉴》
人均肉类产量	kg/人	人均肉类产量 = $\dfrac{肉类总产量}{总人口}$	《德宏统计年鉴》
人均农业产值	元/人	人均农业产值 = $\dfrac{农业总产值}{农业人口}$	《德宏统计年鉴》
农民人均纯收入	元/人		《德宏统计年鉴》

4.2.2 《上轮规划》实施社会效益评价

根据《德宏统计年鉴》等调查和统计资料，按照表6统计和计算结果表明，德宏州《上轮规划》实施的社会效益较为明显，表现在如下方面（见表7）。

表7　德宏州《上轮规划》实施社会效益评价

评价指标	单位	实施前（2000年）	实施后（2010年）	净增量	净增率（%）
人均粮食产量	kg/人	389.66	496.82	107.16	27.50
农业人均粮食产量	kg/人	478.77	619.76	140.99	29.45
人均肉类产量	kg/人	28.04	64.63	36.59	130.49
人均农业产值	元/人	2260.34	5960.79	3700.45	163.71
农民人均纯收入	元/人	1142	3368	2226	194.92

（1）全州人均粮食产量从实施前（2000年）的389.66kg/人提高到实施后（2010年）的496.82kg/人，净增加107.16kg/人，净增率达27.50%。

（2）全州农业人均粮食产量从实施前（2000 年）的 478.77kg/人提高到实施后（2010 年）的 619.76kg/人，净增加 140.99kg/人，净增率达 29.45%。

（3）全州人均肉类产量从实施前（2000 年）的 28.04kg/人提高到实施后（2010 年）的 64.63kg/人，净增加 36.59kg/人，净增率达 130.49%。

（4）全州人均农业产值从实施前（2000 年）的 2260.34 元/人提高到实施后（2010 年）的 5960.79 元/人，净增加 3700.45 元/人，净增率达 163.71%。

（5）全州农民人均纯收入从实施前（2000 年）的 1142 元/人提高到实施后（2010 年）的 3368 元/人，净增加 2226 元/人，净增率达 194.92%。

4.3 规划实施的生态效益

4.3.1 生态效益评价指标

参考全国在土地整治规划实施效益方面及相关研究领域已有的相对成熟的生态效益评价指标，结合德宏州实际，根据评价工作需要和可能条件（主要是基础资料和数据），这里选用规划实施前（2000 年）和实施后（2010 年）的过度垦殖率、坡地梯田化程度、耕地有效灌溉率、森林覆盖率、湿地面积比例、裸地面积比例、旱涝保收面积、水土流失面积比例、土壤侵蚀模数 9 个指标进行分析评价（见表 8）。

表 8 德宏州土地整治规划实施生态效益评价指标

评价指标	单位	含义和计算方法	数据来源
过度垦殖率	%	$过度垦殖率 = \dfrac{不宜耕面积（陡坡耕地）}{耕地总面积}$	土地变更调查
坡地梯田化程度	%	$坡地梯田化程度 = \dfrac{梯田和梯地面积}{\geqslant 2° 耕地面积}$	土地变更调查
耕地有效灌溉率	%	$耕地有效灌溉率 = \dfrac{水田面积 + 水浇地面积}{耕地总面积} \times 100\%$	土地变更调查
森林覆盖率	%	$森林覆盖率 = \dfrac{有林地面积}{土地总面积} \times 100\%$	土地变更调查
湿地面积比例	%	$湿地面积比例 = \dfrac{湿地面积}{土地总面积} \times 100\%$	土地变更调查
裸地面积比例	%	$裸地面积比例 = \dfrac{裸地面积（裸土地 + 裸岩石砾地）}{土地总面积} \times 100\%$	土地变更调查
旱涝保收面积	hm²		《德宏统计年鉴》
水土流失面积比例	%	$水土流失面积比例 = \dfrac{水土流失面积}{土地总面积} \times 100\%$	云南省水利厅
土壤侵蚀模数	t/km²·a	$土壤侵蚀模数 = \dfrac{土壤侵蚀总量}{土地总面积}$	云南省水利厅

注：根据现行土地利用分类系统，这里的湿地主要包括湖泊水面、河流水面、水库水面、坑塘水面、苇地、沼泽地和滩涂。因此，"湿地面积比例"这一指标的计算方法为：

$$湿地面积比例 = \dfrac{湿地面积（湖泊水面 + 河流水面 + 水库水面 + 坑塘水面 + 苇地 + 沼泽地 + 滩涂）}{土地总面积} \times 100\%$$

应指出，在上式中，也可以把"水田"列入"湿地面积"之中。

4.3.2 《上轮规划》实施生态效益评价

根据《德宏统计年鉴》等调查和统计资料，按照表8统计和计算结果，德宏州《上轮规划》实施的生态效益在总体上较为明显，主要表现在如下方面（见表9）。

表9 德宏州《上轮规划》实施生态效益评价

评价指标	单位	实施前(2000年)	实施后(2010年)	净增减量	增减率(%)
过度垦殖率	%	4.35	1.46	-2.89	-66.44
坡地梯田化程度	%	40.16	37.30	-2.86	-7.12
耕地有效灌溉率	%	54.10	56.71	2.61	4.82
森林覆盖率	%	53.77	59.29	5.52	10.27
湿地面积比例	%	1.73	1.54	-0.19	-10.98
裸地面积比例	%	0.087	0.054	-0.033	-37.93
旱涝保收面积	hm²	25800	33820	8020	31.09
水土流失面积	km²	2970.45	2804.77	-165.68	-5.58
土壤侵蚀模数	t/km²·a	1287	1084	-203	-15.77

注：水土流失面积和土壤侵蚀模数分别是1999~2000年和2004~2005年开展的云南省土壤侵蚀现状遥感调查数据。

（1）全州土地过度垦殖率从实施前（2000年）的4.35%降低至实施后（2010年）的1.46%，净降低2.89个百分点，净降低率达66.44%。

（2）全州耕地有效灌溉率从实施前（2000年）的54.10%提高到实施后（2010年）的56.71%，净增加2.61个百分点，净增率为4.82%。

（3）全州森林覆盖率从实施前（2000年）的53.77%提高到实施后（2010年）的59.29%，净增加5.52个百分点，净增率为10.27%。

（4）全州裸地面积比例从实施前（2000年）的0.087%降低至实施后（2010年）的0.054%，净降低0.033个百分点，净降低率达37.93%。

（5）全州旱涝保收面积从实施前（2000年）的25800公顷提高到实施后（2010年）的33820 hm²，净增加8020 hm²，净增率为31.09%。

（6）全州水土流失面积从实施前（1999~2000年）的2970.45km²减少到实施后（2004~2005年）的2804.77km²，净减少165.68km²，净减率5.58%。

（7）全州平均土壤侵蚀模数从实施前（1999~2000年）的1287t/km²·a降低至实施后（2004~2005年）的1084t/km²·a，净降低203t/km²·a，净降低率达15.77%。

然而，也应当看到，在土地开发利用和整治过程中，由于种种原因，在一些方面造成了不利的影响，主要是以下几方面。

（1）坡地梯田化程度明显下降。表9表明，全州坡地梯田化程度从实施前（2000年）的40.16%降低至实施后（2010年）的37.30%，净降低2.86个百分点，净降低率为7.12%。

（2）湿地面积比例亦有所下降。由表9可见，全州湿地面积比例（不计水田面积）从实施前（2000年）的1.73%降低至实施后（2010年）的1.54%，净降低0.19个百分点，净降低率为 10.98%。如计水田面积，全州湿地面积比例从实施前（2000 年）的 11.24% 降低至实施后（2010 年）的 10.90%，净降低 0.34 个百分点，净降低率为 3.02%。

5 开展本轮土地整治规划编制的建议

5.1 认真开展州级土地整治规划，落实省级任务

州（市）级土地整治规划既是州（市）级土地利用总体规划的实施性规划，也是落实省级土地整治规划（以下简称上级规划）要求和任务的根本保证。

根据《国土资源部、财政部关于加快编制和实施土地整治规划 大力推进高标准基本农田建设的通知》（国土资发〔2012〕63 号）、《云南省国土资源厅、云南省财政厅、云南省中低产田地改造综合协调领导小组办公室转发国土资源部、财政部加快编制和实施土地整治规划 大力推进高标准基本农田建设的通知》（云国土资〔2012〕204 号）的规定和要求，为了具体落实《全国土地整治规划（2011～2015 年）》下达的云南省 85.8 万 hm² 旱涝保收高标准基本农田的建设任务和《云南省土地利用总体规划（2010～2020 年）》《云南省土地整治规划（2011～2015 年）》确定的总体部署安排和土地整治目标，云南省国土资源厅于 2012 年 10 月 10 日下发了《云南省国土资源厅关于分解下达全省土地整治规划各项规划指标的通知》（云国土资规〔2012〕184 号），给各州（市）分解下达了土地整治规划各项规划指标，包括高标准基本农田建设规模、土地整治补充耕地规模等。其中，下达给德宏州土地整治规划（2011～2015 年）的指标为：高标准基本农田建设规模 26400.00 hm²（约束性指标），土地整治补充耕地规模 1668.10 hm²（约束性指标），城乡建设用地增减挂钩规模 118.40 公顷（预期性指标）。在土地整治补充耕地规模 1668.10 hm² 中，农用地整治补充耕地 765.20 hm²，土地复垦补充耕地 143.40 hm²，宜耕后备土地资源开发补充耕地 672.30 hm²，农村居民点整治补充耕地 87.20 hm²。

为了完成云南省下达到德宏州的上述土地整治规划指标，具体落实《云南省土地整治规划（2011～2015 年）》确定的总体部署和土地整治任务，必须严格按照《国土资源部关于开展土地整治规划编制工作的通知》（国土资发〔2010〕162 号）、《国土资源部、财政部关于加快编制和实施土地整治规划 大力推进高标准基本农田建设的通知》、《云南省国土资源厅、云南省财政厅、云南省中低产田地改造综合协调领导小组办公室转发国土资源部、财政部加快编制和实施土地整治规划 大力推进高标准基本农田建设的通知》的规定和要求，认真组织和编制《德宏傣族景颇族自治州土地整治规划（2011～2015 年）》。

为此，2012 年 9 月 12 日，德宏州国土资源局、德宏州财政局和德宏州中低产田地改造办公室联合发文《德宏州国土资源局、德宏州财政局、德宏州中低产田地改造办公室转发〈云南省国土资源厅、云南省财政厅、云南省中低产田地改造领导小组办公室转发国土资源部、财政部加快编制和实施土地整治规划 大力推进高标准基本农田建设的通知〉的通知》（德国土资〔2012〕237 号），要求全州认真开展土地整治规划编制工作。同时，德宏州人民政府办公

室发出《德宏州人民政府办公室关于成立德宏州土地整治规划编制工作领导小组的通知》（德政发〔2012〕215号），成立了以分管副州长为组长的强有力的州级土地整治规划编制工作领导小组，并下设了办公室，负责处理规划编制工作的日常事务。

5.2 指导开展县（市）级土地整治规划，落实州级任务

在规划层次上，州（市）级土地整治规划具有指导县（市）级土地整治规划（以下简称下级规划）编制的功能，同时，州（市）级土地整治规划的各项指标需要通过县（市）级土地整治规划来具体落实。县（市）级土地整治规划作为实施性规划，具有很重要的意义。因此，需要切实加强对县（市）级土地整治规划的指导，按照州（市）级土地整治规划确定的各项指标和任务具体编制县（市）级土地整治规划指标和整治项目规划，以便有效地落实州级任务。

为了有力地指导全州5个县（市）开展土地整治规划，切实有效地落实州级土地整治规划的各项任务，德宏州国土资源局、德宏州财政局和德宏州中低产田地改造办公室于2012年9月12日联合发布《德宏州国土资源局、德宏州财政局、德宏州中低产田地改造办公室转发〈云南省国土资源厅、云南省财政厅、云南省中低产田地改造领导小组办公室转发国土资源部、财政部加快编制和实施土地整治规划 大力推进高标准基本农田建设的通知〉的通知》，要求各县（市）国土资源部门和财政部门充分认识编制和实施土地整治规划的重要性和紧迫性，在县（市）人民政府的领导下，会同有关部门，精心组织，周密部署，对土地整治规划编制工作加强领导、高度重视，成立相应的领导和工作班子专门负责规划编制工作。要求各县（市）于2012年9月20日前完成规划工作方案与技术方案编制工作，报州国土资源局审查后由州国土资源局汇总，于2012年9月底前报省国土资源厅备案。各县（市）于2012年12月25日前完成规划成果的意见征询和与相关规划的衔接，并报州国土资源局审查，12月底前完成规划的报批，并由州国土资源局汇总后上报省国土资源厅备案。德国土资〔2012〕237号文件强调各县（市）土地整治规划必须在2012年底前全面完成，未完成土地整治规划的县（市），省国土资源厅将不再安排下达2013年度土地整治、中低产田改造、城乡建设用地增减挂钩项目指标。

此外，为了更好地指导开展县（市）级土地整治规划，落实州级任务，州国土资源局还于2012年11月1日印发《德宏州国土资源局关于分解下达全州土地整治规划各项规划指标的通知》（德国土资〔2012〕303号），将省级下达到德宏州的各项规划指标（包括高标准基本农田整治规模、土地整治补充耕地规模、城乡建设用地增减挂钩规模）分解下达到各县（市），为各县（市）编制县（市）级土地整治规划、落实州级任务提供了基本依据。

参考文献

[1] 国土资源部：《市（地）级土地整治规划编制规程（TD/T 1034–2013）》[M]，北京：中国标准出版社，2013，第1~44页。

［2］国土资源部、财政部：《国土资源部、财政部关于加快编制和实施土地整治规划大力推进高标准基本农田建设的通知》［Z］，http：//www. mlr. gov. cn/zwgk/zytz/201204/t20120424_ 1088012. htm。

Evaluation on the Implementation of the Previous Round of the State-level (or Municipal) Land Development and Consolidation Planning in China's Southwestern Frontier Mountainous Area：A Case Study in Dehong Dai-Jingpo Autonomous Prefecture, Yunnan Province

He Yi-mei[①], Yang Zi-sheng[②], Yu Wen-zhong[③]

(① Tourism and Service & Trade School, Yunnan University of Finance and Economics, Kunming 650221; ②Institute of Land & Resources and Sustainable Development, Yunnan University of Finance and Economics, Kunming 650221, China; ③Bureau of Land & Resources of Dehong Dai and Jingpo Nationality Autonomous Prefecture, Yunnan Province, Mangshi 678400, China)

Abstract：Evaluation on the implementation of the previous round of land rearrangement planning is one of the important analysis and research content for compiling this round of the state-level (or municipal) land rearrangement planning. Taking Dehong Dai-Jingpo autonomous prefecture of Yunnan province for example, which located in China's southwest frontier mountainous area, this study has summarized the experiences of land rearrangement in Dehong during the period of "11th five-year plan" according to the rules of "Guideline for municipal land rearrangement planning"; analysed and evaluated the implementation situation of target and task of the previous round of land rearrangement planning in Dehong Prefecture, the focus is on the task of supplementary farmland, the objectives of farmand requisition-compensation balance, and key projects; evaluated the economic benefit, social benefit and ecological benefit for the implementation of the previous round of Dehong Prefecture's land rearrangement planning; And put forward the advices of compiling this round of the state-level (or municipal) land rearrangement planning. This study would not only provide scientific basis for compiling "Land Rearrangement Planning (2011 −2015) in Dehong Dai-Jingpo Autonomous Prefecture", but also provide an example and reference for analysing and evaluating the implementation of the previous round of land rearrangement planning at state (municipal) level in other related regions.

Keywords：Land development and consolidation; Land rearrangement; Planning; Implementation; Evaluation; Dehong dai-Jingpo autonomous prefecture

西南边疆山区州级土地整治规划生态环境影响评价指标体系探讨

——以云南省德宏傣族景颇族自治州为例[*]

邬志龙　　杨子生

（云南财经大学国土资源与持续发展研究所，昆明650221）

摘　要　科学合理的评价指标体系是保证土地整治规划环境影响评价结果准确性和可靠性的前提。山区土地整治规划环境影响评价指标体系的选取不仅要涵盖一般土地利用规划环境影响评价的影响因素，还要考虑山区的生态脆弱性和环境敏感性，反映山区土地特点。本文以西南边疆山区云南省德宏傣族景颇族自治州为研究区域，开展山区土地整治规划环境影响识别，结合山区土地特点，经过深度分析和筛选，尝试探索出一套适宜于山区土地整治规划环境影响评价的指标体系：选取了生态系统结构、生态系统功能、区域水土涵养和耕地生态养护4方面的因素，构建了生态系统服务功能经济价值、土壤侵蚀模数、过度垦殖率、坡地梯田化程度等10个参评因子，为山区土地整治规划环境影响评价提供科学依据。

关键词　土地整治规划　环境影响评价　指标体系　山区　德宏州

1 前言

土地整治是有效转变土地利用方式，实现土地节约集约利用，保障耕地占补平衡，切实保

* 基金项目：国家自然科学基金资助项目（41261018）；德宏州国土资源局委托项目"德宏州土地整治规划（2011～2015年）编制"。

第一作者简介：邬志龙（1988～），男，硕士研究生。研究方向为国土生态安全与区域可持续发展。现为北京师范大学资源学院博士生。

通讯作者：杨子生（1964～），男，白族，云南大理人，教授，博士后，所长。主要从事土地资源与土地利用、土壤侵蚀与水土保持、国土生态安全与区域可持续发展等领域的研究工作。电话：0871－5023648（兼传真）；手机：13888964270；E－mail：yangzisheng@126.com；地址：昆明市龙泉路237号云南财经大学国土资源与持续发展研究所；邮编：650221。

护耕地，强化土地内部挖潜，提高土地利用效率的重要手段，在我国已得到高度重视和全面展开。随着人们环境意识的逐渐提高，土地整治规划环境影响评价也逐步被各地土地管理部门纳入土地整治规划中进行专题研究。为在源头上预防、控制土地整治活动对环境的不良影响，我国不少专家学者对土地整治规划环境影响评价进行过相关探索[1~8]，但我国土地利用规划环境影响评价起步晚，发展不够系统全面，仍没有形成完善的评价体系，对评价方法和评价指标体系的研究也略显缺失，尤其是针对我国西南边疆生态脆弱、环境敏感的典型山区的研究更是少之又少，基本属于空白领域。为贯彻十八大报告提出的"大力推进生态文明建设"的战略理念，加强土地整治规划生态环境影响评价，本文以地处西南边疆山区的云南省德宏傣族景颇族自治州为研究区域，全面、深入地分析、预测土地整治规划对山区土地将产生的生态环境影响，通过文献综述法、归纳法和专家咨询法，尝试探索一套适宜于山区土地特点的土地整治规划生态环境影响评价指标体系，为山区土地整治规划生态环境影响评价提供参考和依据。

2 研究区域概况

德宏傣族景颇族自治州地处我国西南边陲，是云贵高原西部横断山脉的南延部分，高黎贡山的西部山脉延伸到德宏境内形成东北高而陡峻、西南低而宽缓的切割山原地貌，峻岭峡谷相间排列，高山大河平行急下。州国土面积为 1.15 万平方公里，其中平地面积仅占全州土地面积的 17.10%，山地面积高达 82.90%，是典型的山区州市。根据云南省 2009 年统一时点第二次全国土地调查地类面积汇总数据，德宏州耕地总面积为 184414.71 hm²，其中平耕地（≤2°）面积为 71723.97 hm²，占耕地总面积的 38.89%；而坡耕地和梯地总面积为 112690.74 hm²，占耕地总面积的 61.11%。德宏州常住总人口 119.4 万人，2009 年末汉族人口有 59.96 万人，占总人口的 50.22%，少数民族人口 59.44 万人，占总人口的 49.78%，是云南省 8 个少数民族自治州之一。

3 指标选取原则

3.1 科学性原则

在科学、准确的基础上，选择能真实客观反映评价区域环境对土地利用变化的敏感性特征和环境质量变化状况的指标，突出山区土地的特点。

3.2 主导因素原则

指标选取时应选择那些对山区土地生态环境有重大影响的因子，抓住主要因素重点分析，尽可能以较少的指标反映较全面的信息，既要保证评价的合理性、全面性，又要减少工作量，提高评价效率。

3.3 系统性原则

要求指标能全面系统地反映山区土地生态系统各要素的特征、状态和各要素之间的关系，尽量全面涵盖山区土地生态环境影响因子，进行综合性分析。

3.4 可操作性原则

确定的度量指标必须具有可测性和易测性，数据的收集和使用要相对简便，尤其是研究范围较大时，可评价指标更应注重操作方便。

3.5 独立性原则

评价指标应相互独立，尽量避免相互包含和交叉，以及大同小异现象。

3.6 稳定性原则

选取的评价指标要求相对稳定，在目前技术条件下不能改变或不易改变。

环境影响识别

土地整治规划环境影响识别是为了确定该规划对未来造成的所有预期的、直接和间接、有利和有害的环境影响，抓住主要的、显著的环境影响，减少工作量，以较低评价费用和执行成本得到科学合理的评价结果。

生态环境系统是一个多因子组成的复杂系统，土地整治活动打破了原有生态环境系统，然后重建一个新的系统。无论是对未利用土地的开发或已利用土地的再开发，还是对田、水、路、林、村等农村土地的综合整理或对废弃土地的复垦，都将影响系统内的环境要素继而改变整个生态环境系统，产生直接或间接（累积效应）的、有利或有害的影响，充分认识这些影响将有助于建立完善的土地整治环境影响评价指标与标准体系。

生态环境影响评价包括区域水环境影响评价、大气环境影响评价、土壤环境影响评价、生物环境影响评价等多方面，但由于大气、土壤、水环境等是土地利用变化在长时间尺度上作用的结果，因此一般不作为土地整治规划环境影响评价的重点。经过实地调研和多方的专家咨询，认为土地整治规划对德宏州山区土地生态环境产生的影响应从以下方面考虑：首先，土地整治规划环境影响评价应重点考虑由土地利用变化（结构和布局的变化以及土地开发整理典型项目）所导致的直接或潜在的生态环境问题，从生态系统结构和功能两个角度去分析土地整治活动引发的生态环境的变化，继而对人们的生产、生活条件和质量产生的直接和间接的生态影响。其次，像德宏州这样的典型山区，生态脆弱性、环境敏感性较大，水土流失易发，而土地整治重点是对农村土地的整合、调整，相关土方工程和地貌修整必定对当地土壤侵蚀、水土流失状况产生影响，因此，有必要将土地整治对当地水土涵养的影响列为规划环境影响评价对象。另外，保护耕地，增加耕地有效面积，兴修农田水利，提高耕地有效灌溉率，增加耕地旱涝保收面积是土地整治的重要目的，德宏州坡耕地占较大比例，耕地更需要定期地维护保养，因此规划环境影响评价应包括对耕地生态养护状况的影响评价。

土地整治规划对生态环境系统结构的影响表现为规划实施后，生态系统中各组成要素的组合、相互关系及其在系统中的空间配置发生变化，如规划实施后土地资源结构的变化、森林覆盖率的变化等。

土地整治规划对生态环境系统功能的影响主要表现为生态系统提供的服务功能，如自然生态系统为人类提供食物、医药、工业原材料，调节气候，维持大气化学平衡与稳定，维持地球水循环和物质循环，净化环境等。

土地整治规划对水土涵养的影响表现为对当地土壤侵蚀状况的改善或加剧，以及对水土流失治理的成效，如规划实施后土壤侵蚀模数的变化、水土流失面积比的变化等。

土地整治规划对耕地生态养护的影响，结合山区特点与德宏实际，主要用坡改梯效果、耕地灌溉完善情况测度，如坡地梯田化程度、耕地有效灌溉率和旱涝保收面积等。

5 指标体系的构建

根据生态环境影响机制，结合德宏州当地生态环境特点，在经过多方面的专家咨询和对生态环境影响因素深入分析的基础上，最终确定如表1所示的土地整治规划环境影响评价指标体系。

表 1 德宏州土地整治规划生态环境影响评价指标体系

目标层（A）	准则层（B）	指标层（C）	含义和计算方法	指标说明
区域生态环境（A）	自然生态系统结构（B1）	森林覆盖率（C1）	有林地面积/土地总面积	正指标
		湿地面积比（C2）	湿地面积/土地总面积	正指标
		裸地面积比（C3）	裸地面积/土地总面积	负指标
	自然生态系统功能（B2）	生态系统服务功能经济价值（C4）	$\sum_{i=1}^{9}\sum_{j=1}^{6}S_jE_{ij}$ 各类生态系统服务功能价值累加	正指标
	水土涵养（B3）	水土流失面积比（C5）	水土流失面积/土地总面积	负指标
		土壤侵蚀模数（C6）	土壤侵蚀总量/土地总面积	负指标
	耕地生态养护（B4）	过度垦殖率（C7）	不宜耕地面积（坡耕地）/耕地总面积	负指标
		坡地梯田化程度（C8）	梯田和梯地面积/坡度≥2°耕地面积	正指标
		耕地有效灌溉率（C9）	（水田面积＋水浇地面积）/耕地总面积	正指标
		旱涝保收面积（C10）	洪涝、干旱条件下仍能保证正常收成的耕地	正指标

5.1 对自然生态系统结构的影响

土地整治规划对自然生态系统结构的影响表现为，土地整治规划实施后自然生态系统中各构成要素的组合、相互关系及其在系统中的空间配置发生变化。森林、湿地、海洋被称为全球三大生态系统类型，对全球生态环境起着主导性的影响作用，而在区域生态环境中，森林与湿地（包括水域）同样是所有地类中最主要、最关键的主导因子，其结构组成直接左右着区域生态环境质量的好坏。裸地（包括裸土地和裸岩石砾地）则从侧面反映区域生态环境质量，土地整治的目标之一就是减少裸地面积，增加植被覆盖。因此，根据主导因子和主成分原则，本专题研究对自然生态系统结构的评价选取森林覆盖率、湿地面积比和裸地面积比 3 个指标进行，以较少的指标尽可能反映较全面的信息，既能保证评价的合理性、全面性，又能减少工作量，提高评价效率。

5.1.1 森林覆盖率

森林具有涵养水源、调节气候、消除噪声、净化空气等功能，同时也为多种生物提供栖息场所，是生物多样性最丰富的地类，也是生物多样性的象征，其生态功能价值最大，号称"地球之肺"，因此，森林覆盖率越高，生态环境效益越好，为生态环境影响正指标。

5.1.2 湿地面积比

湿地面积比，即湿地面积占土地总面积的比例。根据现行土地利用分类系统，湿地主要包括湖泊水面、河流水面、水库水面、坑塘水面、苇地、沼泽地和滩涂。湿地具有抵御洪水、调节径流、改善气候、控制污染、美化环境和维护区域生态平衡等功能，在自然生态环境中发挥着其他系统所不能替代的作用，被誉为"地球之肾""生命的摇篮""文明的发源地"和"物种的基因库"，与森林、海洋并列为全球三大生态系统，为生态环境影响的正指标。因此，在土地整治规划环境影响评价中，应充分考虑湿地面积的变化。

5.1.3 裸地面积比

裸地面积比，即裸地面积占土地总面积的比例，包括裸土地和裸岩石砾地，一般为难利用地。裸地的存在往往加重了水土流失和土地荒漠化、石漠化，对生态环境的负面影响较大，若不加以控制治理，将进一步使区域生态环境恶化。因此，裸地占当地土地面积的比例越高，生态环境效益越差，为生态环境影响负指标。

5.2 对自然生态系统功能的影响

土地整治规划对生态环境系统功能的影响主要表现为生态系统提供的服务功能，如自然生态系统为人类提供食物、医药、工业原材料，调节气候，维持大气化学平衡与稳定，维持地球水循环和物质循环，净化环境等。在用经济价值定量测算生态系统功能价值方面，R. Costanza[9]、陈仲新、张新时[10]、谢高地等人[11]已进行过许多相关研究，相关理论已发展得相当成熟。其中，谢高地等人在 2003 年编制的中国陆地生态系统单位面积生态服务价值表在我国已得到大众认可和广泛应用。在总结分析前人研究的基础上，经过多方面的专家咨询，根据德宏州雨热同期、植被茂盛、物种繁多等自然条件特点，在衡量土地整治规划对德宏州生态系统功能影响的变化时可运用谢高地等人编制的参数进行计算。其中，耕地对应农田生态系统，有林地对应森林生态系统，林地中的其他二级地类包括灌木林地、疏林地、未成林造林地、迹地和苗圃等以及牧草地、园地划归草地生态系统，湖泊水面、河流水面、水库水面、坑塘水面、苇地、沼泽地、内陆滩涂和沿海滩涂对应湿地生态系统，水域中的其他二级地类如养殖水面、农田水利用地、沟渠等则划归水体生态系统，除以上所列地类外的其他地类如其他土地中的裸地、沙地、盐碱地及建设用地被认为和荒漠生态系统具有同等的生态服务功能价值，因此都划归荒漠生态系统。

5.3 对区域水土涵养的影响

水土涵养是土地整治对区域生态环境最大的影响之一，也是评判区域生态环境改善与否的重要标准。水土流失状况和土壤侵蚀程度是表示区域水土涵养效果的重要指标，因此，本研究对土地整治规划水土涵养效果的评价选取水土流失面积比和土壤侵蚀模数2个指标。

5.3.1 水土流失面积比

水土流失面积比指水土流失面积占土地总面积的比例，为生态环境影响负指标。在自然界中轻微的水土流失或土壤侵蚀是广泛存在的，水土流失治理效果是衡量土地整治规划生态环境改善效果的重要标准。

5.3.2 土壤侵蚀模数

土壤侵蚀是指在水力、风力、冻融、重力以及其他外营力作用下，土壤、土壤母质及其他地面组成物质如岩屑、松散岩层等被破坏、剥蚀、运转、沉积的过程。土壤侵蚀模数是指单位面积土壤及土壤母质在单位时间内侵蚀量的大小，是表征土壤侵蚀强度的指标，用以反映某区域单位时间内侵蚀强度的大小，为生态环境影响负指标。

5.4 对耕地生态养护的影响

利用耕地种植农作物以满足人类的衣食住行需求是人类开发利用土地资源最原始、最直观的方式，也是人类影响生态环境最直接、最强烈的途径。合理的耕地开发利用既有利于社会经济发展，也有益于水土保持和生态环境保护；不适宜的或过度的耕地开发利用既不利于耕地可持续利用和粮食的稳产高产，又加重地区生态环境破坏和生态环境压力。因此，耕地的合理利用和生态保养是区域生态环境良性发展的基础。以德宏州为例，全州山地多平地少，耕地分布散乱复杂，在坡地上有很大一部分耕地，自然条件较差，灌溉困难较大。倘若在利用这部分耕地时不注重合理利用和生态保养，极有可能造成耕地质量下降、水土流失等生态环境破坏的不良后果。因此，在土地整治规划生态环境影响评价中，对耕地生态养护效益进行评价具有重要现实意义。本文结合德宏州耕地实际特点，选取过度垦殖率、坡地梯田化程度、耕地有效灌溉率和旱涝保收面积4个指标进行评价。

5.4.1 过度垦殖率

土地垦殖率是指一定区域内耕地占土地总面积的比例。过度垦殖则指对不适宜耕地的开垦利用，过度垦殖率为不宜耕地面积占耕地总面积的比例。针对德宏州实际情况，不宜耕地主要为易发生跑土、跑水、跑肥的陡坡耕地。

5.4.2 坡地梯田化程度

德宏州有很大一部分耕地为坡耕地，坡耕地容易发生水土流失、生态退化，而坡改梯是防止坡耕地生态退化、质量下降的有效途径，因此选用坡地梯田化程度作为衡量耕地生态养护的评价指标。坡地梯田化程度是指梯田和梯地面积占坡度为2°以上（含）的耕地面积的比率。

5.4.3 耕地有效灌溉率

提高耕地质量、增加耕地有效面积是土地整治主要目标之一。通过田埂整理、沟渠疏通，完善灌溉设施，提高耕地有效灌溉率是提高耕地质量的有效手段，也是提高粮食产量、加强耕地生态养护的重要途径。因此，本文选取耕地有效灌溉率作为评价土地整治规划实施前后耕地生态养护效益的指标，这里主要采用水田和水浇地面积占耕地总面积的比例表示。

5.4.4 旱涝保收面积

旱涝保收面积是指按一定设计标准建造水利设施以保证遇到旱涝灾害时仍能高产稳产的耕地面积。旱涝保收面积大小直接反映耕地生态养护效益，旱涝保收面积越大，说明耕地水利灌溉设施越齐全，对耕地生态养护做得越好，耕地生态环境越好。

6 结语

山区土地整治规划环境影响评价指标体系的选取既要涵盖一般土地利用规划环评的环境影响因素，又要体现山区土地生态脆弱性和环境敏感性特点。其中，对生态系统结构和功能的影响是一般规划对生态环境普遍、必然的影响，而对区域水土涵养和耕地生态养护的影响在山区土地生态环境影响中则显得尤为突出。在对生态系统结构影响评价时无法将所有结构组分一一分析，则选取森林覆盖率、湿地面积比、裸地面积比3个对生态环境影响作用较大的指标；运用经济价值定量评价生态系统功能影响具有相对客观性、准确性和科学性；区域水土涵养是山区土地生态环境保护的重要内容，水土流失面积比与土壤侵蚀模数则是衡量水土涵养的重要指标；提高耕地质量，增加耕地有效面积是土地整治规划的主要目的，由于山区坡耕地所占比重一般较大，因此坡地梯田化程度应是耕地生态养护的首选指标，另外过度垦殖率、耕地有效灌溉率和旱涝保收面积都是耕地质量的直接反映。

参考文献

［1］叶艳妹、吴次芳、黄鸿：《农地整理工程对农田生态的影响及其生态环境保育型模式设计》［J］，《农业工程学报》2001年第17（5）期，第167~171页。

［2］薛继斌：《土地整理规划环境影响评价研究》［D］，浙江大学，2008，第1~166页。

［3］雷广海：《土地开发整理规划环境影响评价研究》［D］，南京农业大学，2009，第1~119页。

［4］杨晓燕：《土地开发整理规划战略环境影响评价研究》［D］，中国农业大学，2009，第 1～119 页。

［5］石宇、赵小敏：《省级土地整治规划环境影响评价研究》［D］，江西农业大学，2011，第 1～76 页。

［6］毛美桥、许梦、夏孟等：《城乡一体化发展下的土地整治规划环境影响评价——以山东省诸城市为例》［J］，《山东国土资源》2012 年第 28（6）期，第 46～50 页。

［7］曲欣、施振斌：《土地整治规划环境影响评价》［J］，《宁夏农林科技》2011 年第 52（7）期，第 77～78、86 页。

［8］徐慧、林涛、张云鹏：《我国土地利用规划环境影响评价研究进展及展望》［J］，《水土保持研究》2009 年第 16（6）期，第 147～158 页。

［9］R. Costanza, dArge R., Groot R., et al. The value of the worlds ecosystem services and nature capital［J］, *Nature*, 1997, 386: 2553 – 260.

［10］陈仲新、张新时：《中国生态系统效益的价值》［J］，《科学通报》2000 年第 45（1）期，第 17～22 页。

［11］谢高地、鲁春霞、冷允法等：《青藏高原生态资产评估》［J］，《自然资源学报》2003 年第 18（2）期，第 189～195 页。

Study on the Indicator System for Environmental Impact Evaluation of Land Rearrangement Planning: A Case In Dehong Dai-Jingpo Autonomous Prefecture, Yunnan Province

Wu Zhi-long   Yang Zi-sheng

(Institute of Land & Resources and Sustainable Development, Yunnan University of Finance and Economics, Kunming 650221)

Abstract: Scientific indicator system premises for the accuracy and reliability of environmental impact assessment of land rearrangement planning. The indicator system for evaluation in mountainous area is required to not only include the general influence factors, but also consider ecological fragility and environmental sensitivity, which reflect the characteristics of mountainous land. Selecting Dehong Prefecture in Yunnan province as the study area in China's southwestern frontier mountainous area, this study has constructed a set of evaluation index system comprised of ten factors in 4 aspects as ecological system function, structure, conservation of soil & water and the ecological maintenance, for example, the ecosystem service value, the soil erosion modulus, over-reclaimed Rate, rate of terraced area of sloping farmland.

Keywords: Land rearrangement planning; Environment impact assessment; Indicator system; Mountainous area; Dehong Dai-Jingpo Autonomous Prefecture

西南边疆山区州级土地整治规划实施保障措施体系研究

——以云南省德宏州为例[*]

芦艳艳　　杨子生

（云南财经大学国土资源与持续发展研究所，昆明 650221）

摘　要　建立科学的规划实施保障措施体系是顺利实施土地整治规划，保障土地整治活动健康、有序进行的关键。本文以西南边疆山区的德宏州为例，在全面分析德宏州上一轮土地整治规划实施中存在问题的基础上，构建了科学的土地整治规划实施保障措施体系，从法律法规、行政管理、经济政策、社会保障、科技管理等方面提出了较为完善的德宏州土地整治规划实施保障措施体系。

关键词　土地整治规划　实施　保障措施体系

中共中央、国务院高度重视土地整治工作，明确提出"要推进农村土地整治，加快农村土地整理复垦，着力提高耕地质量建设，大规模建设旱涝保收高标准农田，夯实农业现代化基础"。按照国务院关于"制定并实施全国土地整治规划，加快建设高标准基本农田，力争'十二五'期间再建成 4 亿亩旱涝保收的高标准基本农田"的要求，国土资源部会同国务院有关部门编制了《全国土地整治规划（2011～2015 年）》，为确保 4 亿亩高标准基本农田建设等目

---

* 基金项目：国家自然科学基金资助项目（41261018）；德宏州国土资源局委托项目"德宏州土地整治规划（2011～2015 年）编制"。

　第一作者简介：芦艳艳（1990～），女，安徽天长人，硕士研究生，研究方向为土地资源与土地利用规划。E-mail：lyy19900105@163.com。联系电话：15908853187。

　通讯作者：杨子生（1964～），男，白族，云南大理人，教授，博士后，所长。主要从事土地资源与土地利用、土壤侵蚀与水土保持、国土生态安全与区域可持续发展等领域的研究工作。电话：0871－5023648（兼传真）；手机：13888964270；E－mail：yangzisheng@126.com；地址：昆明市龙泉路 237 号云南财经大学国土资源与持续发展研究所；邮编：650221。

标任务的实现，迫切需要加快编制和实施地方各级土地整治规划[1]。

土地整治规划实施管理直接影响某一具体区域的土地整治布局、生态环境和经济社会发展。现行规划从法律、行政、技术等方面制定了一系列保障措施，在引导和规范土地整治，促进土地高效和节约集约利用，补充或加强耕地保护特别是基本农田保护等方面发挥了较大作用，但这些成效主要是依靠行政方法尤其是行政审批手段实现的，社会、经济等手段没有得到充分运用，在一定程度上影响了规划目标的实现。因此，加强规划实施保障措施研究，对完善规划实施保障机制具有重要的意义[2]。

为了具体落实《全国土地整治规划（2011～2015年）》下达给云南省的85.8万hm² 旱涝保收高标准基本农田的建设任务和《云南省土地整治规划（2011～2015年）》确定的总体部署安排及土地整治目标，为了确保《德宏傣族景颇族自治州土地整治规划（2011～2015年）》的编制有更为完善的科学依据，新一轮土地整治规划实施保障措施研究在分析上一轮整治规划存在的主要问题基础上，建立和完善规划实施管理的配套法规和规章，制定有利于规划实施的经济政策和社会保障措施，构建符合区域自身特点的规划实施保障措施体系。这不仅是土地整治规划的内在要求，也是德宏州实现人口、资源、环境、经济、社会可持续发展战略目标的必然要求。

1 德宏州现行土地整治规划实施保障措施问题分析

1.1 规划编制指导思想不连贯

当经济开始过热，耕地被大量占用进而影响国家粮食安全时，耕地数量保护就成了规划的核心内容，上一轮规划中耕地占补平衡成为主导原则。随着后备资源的不足，土地整治在城乡统筹以及城乡一体化进程中的平台作用日益凸显，耕地等增效以及建设用地集约节约利用成为新一轮规划的主导原则。因此，要进行规划修编并保证规划目标得以实现，就必须对规划进行正确而理性的认识[3]，形成统一连贯的规划编制指导思想。

1.2 规划的权威性和社会的认知程度有待进一步提高

目前土地整治依据的是《土地管理法》和《土地管理法实施条例》，相关规定零散分布于不同的法律条文中，针对性不强，尚未形成完整的土地整治法律法规体系，特别是缺少《土地整治法》或相关实施条例等，权威性不足。由于土地整治规划实施的时间不长，社会对规划的重要性认识尚不够深，因此，德宏州《土地整治规划》的现实地位和实施的权威性还不够高。

1.3 规划实施保障机制中的行政手段不健全

规划的权威性、约束力不强，重编制轻实施，普遍存在不按规划实施的情况，使规划流于形式；在规划实施过程中，存在大量随意修改和调整规划的情况；规划审查制度被忽视，重项目审批轻规划审查的现象普遍存在；目前德宏州各级土地整治规划实施过程中缺少相应的监督、评价、调整的制度，严重影响规划的实施[4]。

1.4 规划实施的经济保障机制没有得到有效发挥

我国土地整治规划实施很大程度上依赖行政手段，市场手段运用严重滞后；规划与市场缺乏有机结合，不能充分调动各方参与土地整治的积极性，市场配置土地资源的基础作用尚未充分发挥。

1.5 规划实施的社会保障措施还需进一步深入

规划编制过程中的公众参与度不够，参与面窄，参与深度不够，基本停留在项目编制成果的公示层面，公众只是规划的被动接受者，尚未建立起有效的社会制约机制。

1.6 规划实施的信息化程度有待提高

规划编制可供借鉴的理论、方法不多，规划的适应性、可操作性不强；另外受技术手段的限制及现场调查不足，采用的基础数据不翔实，使得现状信息失真或现状信息不对称；信息技术手段未能在规划实施过程中广泛应用，规划数据库建设还基本上处于空白状态。因此，有必要进一步加快德宏州土地整治规划信息化建设步伐。

2 构建德宏州新一轮土地整治规划实施保障措施体系的总体思路

结合土地整治规划管理工作的实际需要，从经济、社会、法律、行政和技术等方面入手，综合运用立法、组织管理、行政许可、社会监督和参与、经济制约等手段和措施，建立多途径、多目标、多层次、科学合理、可操作性强的规划实施保障体系。在体系的构建中，从德宏州实际出发，充分体现其土地资源禀赋特征和经济社会发展水平，结合当今规划实践的要求及发展趋向，正确处理好土地整治规划与土地利用总体规划、城市规划及其他专项规划的关系，在总结德宏州并借鉴其他地区上一轮土地整治规划实施经验的基础上，构建德宏州切实可行的、可操作性强的土地整治规划实施保障措施体系。

3 德宏州土地整治规划实施保障措施体系及其建设

3.1 德宏州新一轮土地整治规划实施保障措施体系的层次与体系

遵循科学性、整体性、动态性、相关性、可操作性的原则，土地整治规划实施保障体系分为 3 个层次、5 大保障体系（见表 1）。3 个层次即目标层、管理措施层和具体措施层。目标层是指土地整治规划实施保障措施管理；管理措施层主要为法律、行政、经济、社会、技术管理保障；具体措施层是上一层次的深化，主要体现为细化的法规、制度、政策、规范、标准、技术等有关内容。

表1　土地整治规划实施保障措施体系简表

第一层次:目标层	第二层次:管理措施层	第三层次:具体措施层
土地整治规划 实施保障措施管理	1. 法律法规措施	(1)进一步加强国家级相关法律法规建设,制定《土地整治条例》,使土地整治有法可依。 (2)重视地方配套法律法规建设,制定操作性强的土地整治规划实施条例或办法,把规划实施工作纳入法治化轨道。
	2. 行政管理措施	(1)加强规划实施的组织领导。 (2)切实加强土地整治工作管理。 (3)健全集中统一的土地整治备案制度。 (4)制定促进土地整治工作的鼓励性政策。
	3. 经济政策措施	(1)创新激励机制。 (2)完善土地税收政策,强化税收调节功能。 (3)建立财政转移支付制度。 (4)完善土地整治收益分配机制。 (5)探索土地整治市场化机制。
	4. 社会保障措施	(1)建立规划公众参与制度。 (2)改进规划工作方式。 (3)建立和完善规划公示制度。
	5. 科技管理措施	(1)建立动态监测、评价及管理系统。 (2)加强与完善规划信息标准化建设。 (3)加强从业人员尤其是各级土地整治机构规划队伍建设。 (4)完善土地整治动态监测和预警体系。

3.2　德宏州新一轮土地整治规划实施保障措施体系

3.2.1　法律法规措施

建立以保障土地整治规划实施的基本法律为核心、专项法规和地方法规相配套的法律体系,强化省、市级的地方性法律法规的建设,保障土地整治规划的顺利实施。中央政府应尽快启动《土地整治条例》等的研究和起草工作;省、市级地方政府也应综合考虑本地实际情况,制定可操作性强的地方性配套法规,如规划实施条例或办法,提出规划实施机构管理程序、实施效果评价监督管理方案、规划调整措施、违反规划的强制措施等具体规定,把规划实施工作纳入法治化轨道。

3.2.2　行政管理措施

(1) 加强规划实施的组织领导

各级政府应适时成立规划实施领导小组,对土地整治实行统一管理。建立目标责任制,将土地整治目标任务完成情况作为考核评价地方政府土地管理工作绩效的重要内容。深化行政体制改革,完善"部级监管、省级负总责、市县人民政府组织实施"的工作机制,建立政府主导、国土搭台、部门联动、多方参与的部门联动机制,保证土地整治工作顺利开展。明确规划管理的权力和责任。盘活存量建设用地的权力和利益在地方，保护和合理利用土地的责任在地方各级人民政府，省、州政府应负主要责任。

（2）切实加强土地整治工作管理

土地整治工作是一项综合性的工作。必须在当地政府的统一领导和组织下进行。土地管理部门要与有关部门密切合作，切实加强对土地开发整理复垦的管理。主要应抓好五个环节：一是要抓好土地开发整理复垦的规划、计划。二是要抓好土地开发整理复垦项目的可行性论证和规划设计工作。三是要抓好项目的审查报批工作。四是要抓好项目实施的监督检查和验收工作。建立中央与地方联合管理重大工程和示范建设项目的机制，加强中央对重大工程和示范建设项目实施的监管力度。五是要抓好开发整理复垦土地的权属管理。

（3）健全集中统一的土地整治备案制度

建立年度稽查、例行检查和重点督察三位一体的监管体系，将专项检查与经常性监督检查相结合，提高监管质量和效率。

（4）制定促进土地整治工作的鼓励性政策

包括鼓励投资者整理土地的"新增耕地60%折抵"政策、促进农村土地整理和土地复垦的土地置换政策、鼓励多方筹集资金以及土地开发整理复垦产业化政策，以及确定积极推行土地整理，加大土地复垦力度，适度开发未利用地的基本方针。

3.2.3 经济政策措施

（1）创新激励机制

建立健全创新激励机制，是充分调动各方面保护耕地资源，严格控制新增建设用地，促进节约集约用地的积极性，促进规划有效实施的有力手段。今后对土地利用集约化程度高的地区、企业，将在建设用地上优先提供，并在安排土地开发复垦整理、建设用地指标周转、折抵上予以重点支持；而对存在较多土地闲置、空闲、批而未供及低效利用而又缺乏挖潜改造措施的地区、企业，严格限制其新增建设用地。

（2）完善土地税收政策，强化税收调节功能

税收政策对土地利用的调节功能主要在于，提高新增建设用地的门槛，规范农用地转用、征收行为，提高存量土地保有成本，促进存量土地节约集约利用，保护耕地，防范不合理扩张用地。

（3）建立财政转移支付制度

利用财政转移支付加大对农用地的扶持力度，提高土地使用者保护土地的积极性，建立耕地保护奖励机制，引导土地利用行为朝着规划确定的目标发展。同时，建立粮食主产区与主销区之间的利益协调机制，调整中央财政、省财政、州财政对粮食风险基金的补助比例，并通过其他经济手段筹集一定资金，支持粮食主产区加强生产能力建设。

（4）完善土地整治收益分配机制

土地整治收益分配不合理、土地收益分配不合理导致农民利益受损，是土地整治面临的最大挑战，下一步急需完善农村土地制度，合理分配土地收益。

（5）探索土地整治市场化机制

研究探索土地整治市场化资金运作模式，建立多元化的土地整治投融资渠道，形成以政府资金为主导，吸引社会资金投入的土地整治资金保障体系。

3.2.4　社会保障措施

（1）建立规划公众参与制度

参与主体不仅包括规划涉及的政府和部门，还应当包括整治中的各利益相关群体[5]。坚持公众参与的原则，积极发展现代公众参与方式，采用多样化的公众参与途径，明确公众参与的内容，规范公众参与的程序。

（2）改进规划工作方式

建立健全规划编制的专家咨询制度和部门协调机制，加强规划的论证和协调。

（3）建立和完善规划公示制度

土地整治规划经批准后，应提高规划实施的透明度，实行土地整治"阳光操作"，自觉接受公众对规划实施、管理的监督[6]。

3.2.5　科技管理措施

（1）建立动态监测、评价及管理系统

加强规划监测理论的研究与监测方法的探索，充分利用现代高新技术加强土地整治动态监测，建立土地整治规划实施、耕地保护、土地市场的动态监测网络，逐步建立以"3S"技术（即遥感技术、地理信息系统和全球定位系统）为核心的规划实施动态监测、评价及管理系统。

（2）加强与完善规划信息标准化建设

重点开展电子政务标准体系框架，以及数据质量体系框架、标准质量评价指标、方法、数据服务和数据安全等标准建设；要跟踪国内外标准化研究，主动参与并承担国家标准化活动，积极采用国际和国家标准；在标准立项过程中，要与信息化项目紧密结合，要加强标准的试点示范，不断完善标准成果；要从总体上组织、协调和管理云南省信息标准化工作，建立信息标准化工作的管理与宣传机制。

（3）加强从业人员尤其是各级土地整治机构规划队伍建设

（4）完善土地整治动态监测和预警体系

建立土地整治规划实施的"监测－评价－预警"系统，形成"规划－项目－监管"的系统平台，建立保障规划实施的监管体系。

参考文献

［1］郧文聚、杨红：《农村土地整治新思考》［J］，《中国土地》2010 年第 Z1 期，第 69～71 页。

［2］高向军、彭爱华、彭志宏等：《农村土地综合整治存在的问题及对策》［J］，《中国土地科学》2011 年第 25（3）期，第 4～8 页。

［3］王万茂：《规划的本质及土地利用的多维思考》［J］，《中国土地科学》2002 年第 16（2）期，第 4～6 页。

［4］张友安：《土地利用规划的刚性与弹性》［J］，《中国土地科学》2004 年第 18（1）期，第 24～27 页。

［5］刘俊、周旋、蒋艺：《农民联户实施土地整治模式研究》［J］，《安徽农业科学》2011 年第 39（30）期，第 18790～18792 页。

［6］朱勋兵、阳利永：《农村土地整治与社会主义新农村建设的结合点与对策》［J］，《安徽农业科学》2011 年第 39（29）期，第 18224～18225、18264 页。

Study on the Implementation Safeguard Measures System of the State-level (or Municipal) Land Rearrangement Planning in China's Southwestern Frontier Mountainous Area: A Case in Dehong Dai-Jingpo Autonomous Prefecture, Yunnan Province

Lu Yan-yan, Yang Zi-sheng

(Institute of Land & Resources and Sustainable Development, Yunnan University of Finance and Economics, Kunming 650221, China)

Abstract: Establishing a scientific safeguard measures system for the implementation of planning is the key to implement smoothly land rearrangement planning and ensure the healthy and orderly land rearrangement activities. Taking Dehong Dai-Jingpo autonomous prefecture of Yunnan province for example, which located in China's southwest frontier mountainous area, this study has built the scientific safeguard measures system for implementing land rearrangement plan based on the comprehensive analysis of the existing problems in the implementation of the previous round of land development and consolidation planning in Dehong Dai-Jingpo Autonomous Prefecture, which put forward the comparatively complete safeguard measures system for implementation of land rearrangement planning in Dehong from the laws and regulations, administrative management, economic policy, social security, science and technology management, and other aspects.

Keywords: Land rearrangement planning; Implementation; Safeguard measures system

干旱背景下云南省土地整治的策略探索[*]

邹金浪　　杨子生

（云南财经大学国土资源与持续发展研究所，昆明 650221）

摘　要　云南省土地整治工作需要考虑频发的干旱。本文基于这一问题论述了干旱背景下云南土地整治的策略，认为规划先行、凸显抗旱，部门协调、共战旱魔，生态建设、缓解旱情应成为应对干旱的土地整治优先行动，并提出山地生态修复型、低丘缓坡水土保持型和坝区高标准基本农田建设型的土地整治基本模式。

关键词　土地整治　干旱　策略探索　云南省

1998 年以来，我国开展的一系列土地整治（整理、复垦、开发）工作为保障耕地数量、提升耕地质量做出了重大的贡献[1]。随着《全国土地整治规划（2011～2015 年）》的实施，2666.7 万 hm^2 高标准基本农田建设和城乡统筹发展必将进一步推动我国土地整治事业蓬勃发展[2]。云南省因人地矛盾突出、耕地质量不高、后备耕地资源不足等现状[3]，土地整治已成为其实现耕地数量管控、质量管育和生态管护的有效抓手。土地整治需因地制宜，突出重点。旱灾位列云南省各种自然灾害之首[4]，尤其是 2009 年以来的持续特大干旱对当地社会经济，特别是农业生产造成了重大损失[5]。可见，云南省土地整治必须考虑干旱的影响，探索干旱背景下土地整治的策略具有较强的理论与实践价值。

---

* 基金项目：云南省教育厅科学研究基金项目（2013J022）；国家自然科学基金项目（41261018）。

第一作者简介：邹金浪（1987～），男，江西丰城人，硕士生，研究方向为土地利用与区域可持续发展。E-mail：jlangzou08@163.com。

通讯作者：杨子生（1964～），男，白族，云南大理人，教授，博士后，所长。主要从事土地资源与土地利用、土壤侵蚀与水土保持、国土生态安全与区域可持续发展等领域的研究工作。电话：0871 - 5023648（兼传真）；手机：13888964270；E - mail：yangzisheng@126.com；地址：昆明市龙泉路 237 号云南财经大学国土资源与持续发展研究所；邮编：650221。

1 云南省干旱概况及对农业生产的影响

云南省干旱频发，在1300~1990年的691年间，出现大旱年76次，小旱年135次；1990~2010年间共有10年发生了比较严重的干旱。干旱对云南省而言已不是小概率事件，干旱缺水成为云南经济社会可持续发展的主要制约因素之一[6]。

干旱给云南省农业生产带来了重大损失。云南在不同年代的受旱率、成灾率和粮食损失率均处于上升态势，农业因旱灾的损失不断增加，1980年至今云南省农业旱灾损失更是直线攀升（见图1）。

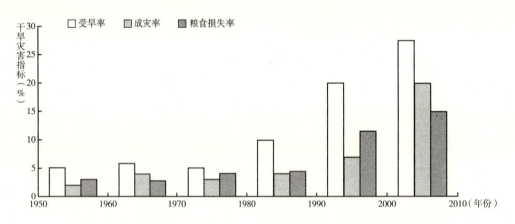

图1 云南省不同年代受旱率、成灾率和粮食损失率变化过程[6]

2 云南省土地整治的必要性与效果分析

由于山地面积比重较大，云南省的后备耕地资源明显不足，有条件开垦的宜农荒地大部分已开发利用，可开垦的宜农荒地人均仅为0.007 hm² (2000年)，并且这部分荒地受到水热条件、耕作半径等因素限制，开发难度较大[3]。这成为云南省土地整治的必要条件。

通过土地整治，云南省补充了宝贵的耕地资源，提高了耕地质量等级。2003~2011年间的绝大多数年份云南土地整治新增耕地面积在10000 hm²以上（见表1）。1996~2008年云南省耕地有效灌溉率尤其是旱地有效灌溉率明显提高[7]。可见，云南省土地整治效果显著。

表1 云南省2003~2011年土地整治新增耕地面积

单位：万 hm²

年　份	2003	2004	2005	2006	2007	2008	2009	2010	2011
新增耕地面积	0.98	0.83	1.63	1.15	1.59	1.33	0.08	2.61	1.52

资料来源：《中国国土资源统计年鉴》[8]。

3 云南省应对干旱土地整治的优先行动

3.1 规划先行，凸显抗旱

要想把土地整治工作落到实处，必须制定出科学合理的土地整治规划，使土地整治做到规划先行。《市（地）级土地整治规划编制规程》和《县级土地整治规划编制规程》的发布、实施，为云南省科学编制土地整治规划提供了规范。

因地制宜、突出重点是土地整治规程中的一大原则。干旱是云南省社会经济可持续发展的一个主要制约因素，土地整治规划编制应该凸显抗旱这一举措。在规划编制过程中，应从近期、中期和远期分阶段由易到难设置规划目标，分解下达规划指标，使得土地整治工作踩准节拍、分步推进。在重点区域与重点项目的土地整治规划中加强水利设施和生态环境工程建设，做到"旱能灌、涝能排"，建成旱涝保收的高标准基本农田。

3.2 部门协调，共战旱魔

土地整治是一项综合性、系统性的工程，涉及多个部门、多方利益，需要部门间的良好协调机制来确保其高效、顺利进行。2009 年以来，云南省各部门统筹协调，人民群众团结一致，共战旱魔，取得了一系列成果。干旱背景下云南省的土地整治更需要部门统筹协调。

部门协调分为水平式、垂直式和两者并用 3 类方式，它们各有优缺点[9]。本文选择水平式与垂直式两者并用的协调方式，结合土地整治的实际需要，构建了跨部门的协调机制（见图 2）。土地整治工作的各个阶段，均由地方政府统一领导，各部门协调落实，奖惩并用，既能保证行政效率，又能完善"政府主导、国土搭台、部门联动"的土地整治工作格局。其间，国土部门尤其需要与水利部门密切协作，将项目区的土地整治与水利建设有机结合起来。

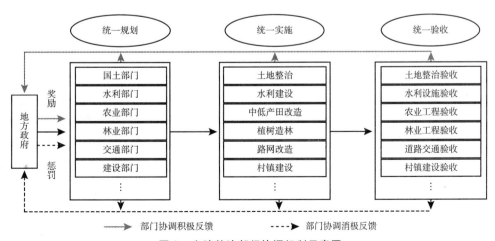

图 2 土地整治部门协调机制示意图

3.3 生态建设，缓解旱情

云南省 2009 年以来特大旱灾的直接原因是气候异常导致的少雨和高温，人类活动破坏生态同样对旱情有一定的影响，因此，在土地利用过程中要加强土地生态建设[10]。

云南省应对干旱的土地整治要充分考虑生态效应，按照生态学、可持续发展原理将土地整治融入资源－环境－经济协调发展的大系统中，形成生态导向型的土地整治模式，包括生态建设型和景观修复型。努力突破以下 4 方面的关键技术：①不同类型土地整理区地表植被及土壤动物与微生物恢复和重构技术；②不同类型土地整理区生态化整治技术；③不同类型土地整理区的景观设计技术；④生态化整治与景观设计耦合的关键技术集成体系[11]。

4 干旱背景下云南省不同地貌区土地整治的基本模式

云南省地貌复杂，干旱背景下云南省不同地貌区的土地整治需要因地制宜地分类进行（见图 3）。总体而言，山地的土地整治重在生态工程，低丘缓坡的土地整治需生态工程与水利设施相结合，坝区的土地整治以水利设施为主、生态工程为辅，分别形成山地生态修复型、低丘缓坡水土保持型和坝区高标准基本农田型的土地整治基本模式。

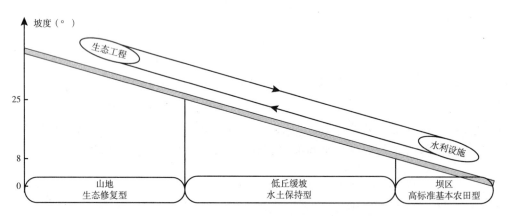

图 3 干旱背景下云南省不同地貌区土地整治基本模式

4.1 山地（坡度 >25°）生态修复型土地整治模式

云南省山地生态系统具有自身的脆弱性，这决定了这类地貌类型的土地整治的首要目的是加强生态建设，改善生态环境。据云南省 2008 年土地变更调查结果，全省有 13.16% 的耕地坡度大于 25°，这些陡坡耕地无疑要进行生态退耕，根据当地实际情况实行退耕还林或者退耕还草。此外，陡坡荒地也需进行生态修复，大力植树种草，提高植被覆盖率。

4.2 低丘缓坡（8°≤坡度≤25°）水土保持型土地整治模式

低丘缓坡是先前云南省进行土地整治时常常忽略的地域，但应成为今后土地整治的重点方向。这符合云南省正在推行的"建设用地上山"发展战略。在应对干旱时低丘缓坡的土地整治需要将生态工程和水利设施（尤其是小型水利设施）相结合，保持水土，从而保障土地资源的可持续利用。低丘缓坡最基本的整理方向是实行"坡改梯"，实现坡地的梯田化或梯地化，让"三跑"（跑土、跑水、跑肥）坡地变为"三保"（保土、保水、保肥）农田[12]。

4.3 坝区（坡度＜8°）高标准基本农田型土地整治模式

坝区是云南省优质耕地资源和建设用地集中分布区域，也是以往土地整治工作的重点区域和重点项目集中区域，与其他地貌区相比具有明显的土地整治优势。应对干旱威胁，云南省坝区土地整治的重点是加快完善水利设施建设，尤其是大型水利工程建设，辅助中小型水利设施建设，改善农业生产条件和区域生态环境，形成农田规模化、生产机械化、环境生态化的旱涝保收高标准基本农田，提高粮食综合产能，推动农业现代化发展。

参考文献

[1] 陈百明：《发展之要 统筹之本 生态之基——展望土地整治工作新趋势》[J]，《中国土地》2012年第3期，第1页。

[2] 严金明、夏方舟、李强：《中国土地综合整治战略顶层设计》[J]，《农业工程学报》2012年第28（14）期，第1~9页。

[3] 杨子生、姜锦云、湖泊等：《云南省土地开发整理规划》[M]，昆明：云南科技出版社，2006。

[4] 谢应齐、杨子生：《云南省农业自然灾害区划》[M]，北京：中国农业出版社，1995，第8~54页。

[5]《云南：情系民生抗大旱 财政保障促发展》[EB/OL]，http://www.yn.xinhuanet.com/topic/2012-05/03/c_131566462.htm，2012-05-03。

[6] 许玲燕、王慧敏、马显莹等：《云南旱灾风险管理框架及对策研究》[J]，《地域研究与开发》2013年第32（2）期，第103~108页。

[7] 杨健茔、赵乔贵、杨子生等：《基于土地变更调查的我国西南边疆山区农田有效灌溉程度分析——以云南省为例》[A]，见刘彦随、杨子生、赵乔贵主编《中国山区土地资源开发利用与人地协调发展研究》[C]，北京：中国科学技术出版社，2010，第118~129页。

[8] 国土资源部：《中国国土资源统计年鉴（2004~2012）》[M]，北京：地质出版社，2004~2012。

[9] 林超：《土地整治部门协调机制研究》[A]，见刘彦随、卓玛措主编《中国土地资源开发利用与生态文明建设研究》[C]，西宁：青海民族出版社，2013，第59~64页。

[10] 魏阳、杨子生：《云南特大干旱灾害及应对的土地利用对策与措施体系初探》[A]，见刘彦随、杨子生、赵乔贵主编《中国山区土地资源开发利用与人地协调发展研究》[C]，北京：中国科学技术出版社，2010，第169~171页。

[11] 陈百明、谷晓坤、张正峰等：《土地生态化整治与景观设计》[J]，《中国土地科学》2011年第25（6）期，第10~14页。

[12] 杨子生：《中国山区生态友好型土地整理模式初探》[A]，见刘彦随、杨子生、赵乔贵主编《中国山区土地资源开发利用与人地协调发展研究》[C]，北京：中国科学技术出版社，2010，第421~433页。

An Approach to the Strategy of Land Rearrangement in Yunnan Province under the Background of Drought

Zou Jin-lang, Yang Zi-sheng

(Institute of Land & Resources and Sustainable Development, Yunnan University of Finance and Economics, Kunming 650221, China)

Abstract: Frequent drought should be considered for land rearrangement of Yunnan province. The paper discussed the strategy exploration of land rearrangement in Yunnan under the background of drought based on the issue. The priorities of land rearrangement to deal with drought were planning first to prevent drought, departmental coordination to fight against drought and ecological construction to mitigate drought. Finally, three basic type of land rearrangement model, namely ecological rehabilitation in mountain land, conservation of water and soil in mild slope of low mountains and hills and high standard basic farmland construction in basin were introduced.

Keywords: Land rearrangement; Drought; Strategy exploration; Yunnan province

土地整治与云南城乡发展：理论依据、实践价值与对策[*]

丘雯文　杨子生

（云南财经大学国土资源与持续发展研究所，昆明650221）

摘　要　土地整治作为推进土地可持续利用的重要手段，不仅对提高土地利用率、保障土地资源可持续利用具有重要作用，而且对区域城乡发展具有重要的推动意义。本文从理论和实践两个方面分别阐述了土地整治促进城乡发展的理论依据和云南省土地整治实践对城乡发展的积极意义，并结合云南实际，提出了进一步推动云南城乡和谐发展的土地整治对策。

关键词　土地整治　城乡发展　对策　云南省

引言

土地整治（Land Rearrangement），系指以提高土地利用率、保障土地资源可持续利用为目的，对未合理利用土地的整理、因生产建设破坏和自然灾害损毁土地的修复以及未利用土地的开发等活动[1]。它包括农用地整理、农村建设用地整理、城镇工矿建设用地整理、土地复垦和宜耕后备土地资源开发等。1998年以来，我国开展的一系列土地整治（整理、复垦、开发）

---

* 基金项目：国家自然科学基金项目（41261018）。

第一作者简介：丘雯文（1991~），女，广东英德人，在读硕士生，研究方向为土地资源与土地利用规划。E-mail：qy_wenwen@163.com。

通讯作者：杨子生（1964~），男，白族，云南大理人，教授，博士后，所长。主要从事土地资源与土地利用、土壤侵蚀与水土保持、国土生态安全与区域可持续发展等领域的研究工作。电话：0871-5023648（兼传真）；手机：13888964270；E-mail：yangzisheng@126.com；地址：昆明市龙泉路237号云南财经大学国土资源与持续发展研究所；邮编：650221。

工作为保障耕地数量、提升耕地质量做出了重大的贡献[2]。在新形势下，我国的土地整治已成为促进城乡发展的助推器。云南是我国西部典型的山区省份，地貌类型复杂，耕地比重小，且坡耕地比重大，后备资源有限，在土地利用上存在着利用方式粗放、生态质量下降等不少问题，制约着社会经济的发展。土地整治作为破解土地利用难题、协调人地矛盾的重要手段，可以通过挖掘土地利用潜力逐步缓解经济发展的需求，通过拓展城市资本与农村土地资源自由交换和流转的渠道逐渐打破城乡隔阂，通过优化人居环境和生态环境平衡人口与资源的关系，推动云南省新型城镇化进程。本文将土地整治置于城乡和谐发展的战略背景下，重点阐述土地整治促进城乡发展的理论依据和现实意义，并探讨促进云南城乡发展的土地整治对策，为促进土地整治领域的学术研究、科学决策和规划实践提供参考。

2 理论依据

2.1 土地供给理论

土地具有位置固定性、稀缺性等特征，在一元土地供应结构下，通常会假设土地供给是无弹性的，需求曲线的变动会使土地价格提高。在我国城乡二元结构的土地供给情况下，在当前城镇化发展和农村居民点用地扩张的双重背景下，由于城乡建设用地的巨大收益差和农村建设用地的弱流动性，农村建设用地实际上成了建设用地的储备库，城乡建设用地增减挂钩、跨区域土地整理等举措通过空间位置的互换可以将建设用地指标转移至城镇中，有助于突破土地供给边界，挖掘农村建设用地潜力，缓解城镇用地的土地需求，从而实现对建设用地总量的控制，促进城镇化发展。在这个过程中，通过调控改变了土地供给的数量，有利于维持建设用地价格的稳定。

2.2 人地协调理论

人地协调理论作为一种新型的人地关系理论，伴随着各种人口、资源、环境、社会等问题，正在不断趋于完善，已成为可持续发展的基本理论之一[3]。在土地整治方面，人地协调理论主要表现为人与自然环境和社会环境总和层面的人地关系。土地整治的合理程度，一方面受到自然条件和社会发展的影响，土地的岩石、地貌、气候、水文、土壤和生物等情况都是土地整治的制约因素，社会发展的速度、社会经济活动同样影响土地整治的方式和水平；另一方面，土地整治影响着自然环境和社会发展，不合理的土地整治现象会造成耕地的减少、生态环境的破坏，更会制约社会经济的发展，影响人、土地与社会的协调关系。因此，城乡发展作为一种社会要素，与土地整治相互影响。

2.3 资源配置理论

资源配置理论是对稀缺的资源在各种用途上进行比较而做出的选择。由于在社会的一定阶段，相对于人们的需求，资源总会表现出一定的稀缺性，因此需要我们对资源做出合理配置，以便用最少的资源耗费获取最佳的效益。改革开放以来，已经历了一轮经济飞速发展时期，实现了一定的资本积累，土地作为一种稀缺资源，在社会经济中发挥着重要作用。土地整治是一项综合性工程。对于发达地区而言，在土地后备资源得到较大限度开发的情况下，需要从内部挖掘更多的潜力；对于落后地区而言，通过土地整治达到深度发展，意义很重大。在城乡发展与土地整治的双重契机下迸发了城乡统筹、和谐发展的强大动力，资本充足、土地匮乏的城镇地区与土地充足、资本匮乏的农村地区共同协作进行土地整治，能充分发挥各自的优势，实现资本和土地资源的合理配置。

3 土地整治对云南城乡发展的促进意义

3.1 通过农用地整理，促进农业发展

农用地整理（Agriculture Land Consolidation），是指在以农用地（主要是耕地）为主的区域，通过实施土地平整、灌溉与排水、田间道路、农田防护与生态环境保持等工程，增加有效耕地面积，提高耕地质量，改善农业生产条件和生态环境的活动[1]。

2000 年以来，云南省农用地整理实践稳步展开，开展了大量的国家级、省级等农用地整理项目，取得了较好的成效。据《中国国土资源年鉴》（2004~2012）统计，2003~2011 年，云南省通过农用地整理新增耕地面积达 117216 hm^2，科学地改造了中低产田，提高了耕地生产率水平、排灌能力和抵御自然灾害的能力，推动了农业结构的合理调整，促进了农业规模化、产业化经营，降低了农业生产成本，一定程度上缩小了城乡收入差距，带动了相关产业的发展。

3.2 通过农村建设用地整理，加快了新农村建设步伐

农村建设用地整理（Rural Construction Land Consolidation），是指对农村地区散乱、废弃、闲置和低效利用的建设用地进行调整改造，完善农村基础设施和公共服务设施，提高农村建设用地节约集约利用水平，改善农村生产生活条件的活动[1]。

长期以来，云南省的村庄普遍存在宅基地分布零散、土地闲置严重、集约水平低、基础设施欠缺、居住环境差等问题。近年来，云南逐渐开始了农村建设用地整理的工作，各地在其土地整治规划（2011~2015 年）中均给予了重视。在《全国土地整治规划（2011~2015 年）》中，昆明市的土地整治被纳入城乡统筹区域农村建设用地整治示范工程，肩负着合理安排村庄功能分区，实现布局优化、村庄绿化、环境美化的重任。稳妥、有序、合理地开展村庄整治，能加强农村基础设施与公共服务设施配套建设，保障农村产业发展、农业生产和农民生活条件的改善，使杂乱无章的中心村、空心村变得井然有序。另外，通过将低效的建设用地复垦为耕地，落实城乡建设用地指标挂钩的政策，能逐步缓解城镇经济发展用地需求的巨大压力，盘活城镇存量建设用地和农村建设土地，发挥土地整治对新农村建设和城乡统筹的作用。

3.3 通过城镇工矿建设用地整理，挖掘城镇工矿存量土地潜力

城镇工矿建设用地整理（Urban and Mining Construction Land Consolidation），是指对低效利

用的城镇工矿建设用地进行改造，完善配套设施，加强节地建设，拓展城镇发展空间，提升土地价值，改善人居环境，提高集约节约用地水平的活动[1]。

据统计[4]，2009 年末云南省城镇人均用地为 90 平方米，各州（市）的集约用地水平相差很大，单位建设用地的投入和产出均较低，建设用地低效使用和闲置、浪费现象普遍存在。科学配置不同类型、不同规模的企业用地，有计划、有步骤地推进城中村改造，充分利用城镇闲置土地，可提高城镇和工矿建设用地集约利用程度，优化城镇用地结构和布局，改善基础设施配套和居住环境，提升整体功能和综合效益；同时控制城市外延过度扩张，减少耕地流失，避免城乡差距的再度扩大，加快全省工业化、城镇化进程。目前，云南在这方面开始有了较好的起步。

3.4 通过土地复垦，恢复城乡土地生态环境和功能

土地复垦（Land Rehabilitation），是对因生产建设活动和自然灾害损毁的土地，采取整治措施，使其达到可供利用状态的活动[1]。也就是说，复垦的对象有 2 个方面：一是因生产建设破坏的土地，二是因自然灾害而损毁的土地。对这 2 类土地进行修复，恢复其固有的土地利用功能和生态功能，对于改善土地生态环境、促进土地可持续利用和经济社会可持续发展具有重要意义。

云南省矿产资源丰富，矿种齐全，铅、锡、锌和铟等资源居全国第 1 位。截至 2007 年底，共发现各类矿产 142 种，占全国已发现矿种的 83%，共有各类矿山企业 8866 个，登记勘察区块面积达到 8 万平方公里[5]。因此，矿区废弃地和矿山建设破坏土地的复垦是云南土地复垦的重要方面。同时，云南自然灾害频繁，山洪、滑坡、泥石流等灾害年年发生，对土地的损毁每年都不同程度地出现，因此，对自然灾害损毁土地的修复也是云南土地复垦的重要部分。近 10 多年来，云南土地复垦已有了一些成效，国家和云南省有关部门和单位投入了相当规模的复垦项目经费，使不少废弃地（尤其是因灾损毁土地）得到了一定程度的恢复。

3.5 通过宜耕后备土地资源开发，保障了耕地保护目标与经济建设的"双赢"

宜耕后备土地资源开发（Arable Reserved Land Resources Reclamation），是指对宜耕后备土地资源采取整治措施，以增加耕地面积、改善生态环境为主要目的的活动[1]。宜耕土地主要包括宜耕荒山、宜耕荒地和宜耕荒滩。

云南宜耕后备土地资源较少，由于地学因子存在着显著的空间分异，地形高差大，切割剧烈，耕作条件复杂多样，进一步加大了宜耕后备土地资源开发的复杂程度[6]。近 10 多年来，云南省各地开展了适度的宜耕后备土地资源开发活动，实施了一批土地开发重点项目和占补平衡项目，新增了相当规模的耕地，使全省耕地占补平衡目标得到了实现，保障了全省耕地保有量目标和经济建设的"双赢"。

4 进一步推进城乡和谐发展的土地整治对策

4.1 重视土地整治的综合性

土地整治是一项复杂的工程，涉及田、水、路、林、村、房的综合整治，内容多样，并涉

及土地、农业、林业、水利、环境、交通、建设、财政等多行业、多部门。因此，需要依据土地利用总体规划，从土地整治的综合性出发，充分运用各项技术，科学编制各级土地整治规划，因地制宜地安排土地整治的规模与布局以及各类重点整治项目，做好与相关规划的协调。按照《全国土地整治规划（2011～2015 年）》的要求，西南地区应以土地生态修复和综合整治为主要方向。结合云南省实际，应积极支持生态脆弱区的耕地整理，大力推进粮食主产区、基本农田保护区、水源保护区等区域的土地整理重大工程的实施；加快废弃土地的复垦，鼓励多用途使用和改善生态环境，加强灾毁耕地复垦整治；依据土地适宜性条件，有计划、有步骤地推进宜耕后备资源的开发利用。

4.2 强调土地整治的生态友好化

针对土地整治过程中出现的对土地生态系统破坏的现象，应在规划时充分考虑土地生态环境建设的要求，注重景观生态的设计，不能一味追求高品位设计而破坏生态系统的多样性。生态友好化的土地整治应该遵循土地整治规划设计的生态友好化和土地整治工程技术措施的生态友好化，根据实际的土地利用特点，以生态保护和环境改善为主导目标，充分注重各项措施的生态友好化，因地制宜进行土地整治规划设计[7]。如发展建立在土地整治基础上的生态旅游业、休闲农业等产业，既可以使耕地数量、耕地质量得到一定的保护，也能创造经济效益。

4.3 建立差别化的土地整治机制

创新土地整治实施模式，着力完善规划管控、市场配置、权利保护、收益分配等配套管理政策。规范土地整治项目的供地方式，建立批后跟踪机制，确保改造方案严格实施；完善土地增值收益分配机制，通过税费调节等手段，合理分配土地增值收益；健全民主协商和司法裁决机制，促进土地整治和谐有序进行。根据不同整治类型及不同地域确定差别化的整治目标，并进一步落实好差别化的改造支持政策。如城市化程度较高的地区应重视开展城镇工矿用地整理，改善区域生态环境；农产品重要产地应强化耕地保护，改善农村生产生活条件。

4.4 加强"土地－人口－经济"矛盾的协调

重视土地整治的社会效应、生态效益、经济效益和景观效应，构建科学合理的土地整治综合效应评估体系。在土地整治的过程中难免会引发产权矛盾和经济纠纷，要强调"以人为本"，提升公众参与的广度和深度，强化农村生活、生产、生态功能，保障农村发展，促进区域协调，健全土地收益分配机制，切实维护农民主体利益[8]。进一步与当地发展条件、生态环境、文化特点和人民意愿相结合，通过多种渠道吸纳资金参与土地整治项目，积极探索"土地－人口－经济"相互和谐的土地整治模式。

参考文献

［1］国土资源部：《县级土地整治规划编制规程（TD/T1035－2013）》［S］，北京：中国标准出版社，

2013，第 1 ~ 54 页。

［2］陈百明：《发展之要　统筹之本　生态之基——展望土地整治工作新趋势》［J］，《中国土地》2012年第 3 期，第 1 页。

［3］冯年华：《人地协调论与区域土地资源可持续利用》［J］，《南京农业大学学报》（社会科学版）2002 年第 2 期，第 29 ~ 34 页。

［4］周亚丽、杨子生：《云南省建设用地集约度评价研究》［A］，见刘彦随、卓玛措主编《中国土地资源开发利用与生态文明建设研究》［C］，西宁：青海民族出版社，2013，第 490 ~ 498 页。

［5］郭忠林：《2008 年云南采矿年评》［J］，《云南冶金》2009 年第 2 期，第 1 ~ 14 页。

［6］张佩芳、邓喜庆、刘桂青：《多尺度空间下的云南山地流域遥感土地利用分类对比研究》［J］，《国土资源遥感》2007 年第 1 期，第 89 ~ 93 页。

［7］杨子生：《中国山区生态友好型土地整治模式初探》［A］，见刘彦随、杨子生、赵乔贵主编《中国山区土地资源开发利用与人地协调发展研究》［C］，北京：中国科学技术出版社，2010，第 421 ~ 433 页。

［8］刘彦随、朱琳、李玉恒：《转型期农村土地整治的基础理论与模式探析》［J］，《地理科学进展》2012 年第 31（6）期，第 777 ~ 782 页。

Land Rearrangement and Rural-urban Development in Yunnan: Theoretical Foundation, Practical Value and Countermeasures

Qiu Wen-wen　Yang Zi-sheng

(Institute of Land & Resources and Sustainable Development, Yunnan University of finance and Economics, Kunming 650221, China)

Abstract: Land rearrangement, an important means of sustainable land use, not only improves the efficiency of land utilization and guarantees the sustainable use of land resources, but also plays a significant role in pushing the process of regional rural-urban development. This paper elaborated the theoretical basis of promoting rural-urban development through land rearrangement and the positive meaning of the practices in Yunnan Province. With the actual condition, some countermeasures of land rearrangement are put forward to further balance the harmonious development of rural and urban areas.

Keywords: Land rearrangement; Rural-urban development; Countermeasures; Yunnan Province

C. 建设用地上山研究

【专题述评】建设用地上山，顾名思义，是指将城镇、工业等建设用地布局到山地之上，以减少各类非农建设对平地（平原、盆地、河谷平地等，云南俗称为"坝子"或"坝区"）优质耕地的占用，保障粮食安全和社会稳定。由于上山的对象主要是城镇用地和工业项目用地，因而又称为"城镇上山"。"建设用地上山"战略是云南省委省政府2011年以来提出的重大土地利用战略，是在坝区优质耕地逐年减少、严重危及粮食安全和边疆农村社会稳定的形势下提出来的。

近年来，我所积极参与并承担了多个"建设用地上山型"土地利用总体规划的编制（云南称为"完善土地利用总体规划编制"）。杨子生教授主持的国家自然科学基金项目"基于云南省城镇上山战略的山区建设用地适宜性评价原理与方法研究"（批准号41261018），针对国内外山区建设用地适宜性评价理论方法和实践研究的薄弱性以及实施城镇上山战略、保护坝区优质耕地的重要性，基于云南省实施城镇上山战略的迫切需求，在深入探讨山区建设用地适宜性评价基本原理、系统分析山区建设用地适宜性影响因素、科学构建评价指标体系、合理制定山区建设用地适宜性评价系统与实用模型的基础上，以典型县（或州、市）为实例，运用遥感、GIS技术、实地调查、现代评价模型、常规评价方法技术等，进行山区建设用地适宜性评价的实证研究，并探索山区建设用地适宜性评价成果在实施城镇上山与基本农田下山战略、编制"城镇上山型"土地利用规划中的应用模式，总结和提炼出一套科学、实用、易推广的山区建设用地适宜性评价原理与方法体系，以期对云南省乃至类似山区实施"城镇上山"战略提供理论基础与技术支撑。这里组织的5篇论文即为国家自然科学基金项目（41261018）的第一批成果，旨在为进一步推进"建设用地上山"的理论与方法研究以及实践提供必要的参考和依据。

Study on the Indicator System for Evaluating the Suitability of the Mountainous Land for Construction[*]

Wu Zhi-long, Yang Zi-sheng

(Institute of Land & Resources and Sustainable Development, Yunnan University of Finance and Economics, Kunming 650221, China)

Abstract　　Building a relatively scientific and feasible indicator system for evaluating the suitability of the mountainous land for construction is the basis for making such evaluation and realizing a reasonable layout for urban construction land. By expounding on the principles for indicator selection and taking into consideration mountainous land use characteristics, this study analyzes, screens, and picks out the indicators, which combine special factors with basic ones, for evaluating the suitability of the mountainous land for construction. It also carries out weighted distribution of factor indicators by using Analytical Hierarchy Process and Delphi approach comprehensively and quantized grading of evaluation indicators by using the theories of fuzzy mathematics. In the end, it manages to establish an indicator system suitable for evaluating the suitability of the mountainous land for construction.

Keywords　　Mountainous land for construction; Suitability evaluation; Indicator system

Introduction

According to statistics [1], about 20% of earth land areas are mountains. China is a mountainous

---

＊　Foundation item: Supported by the National Natural Science Foundation of China (No. 41261018).

　　Biography: Wu Zhilong, born in Fengcheng County, Jiangxi Province in 1988, male, Master degree. His main research interests focus on fields of land resources and land use planning, soil erosion and conservation, land ecology. Tel: 15587052977. E-mail: 442928404@ qq. com.

　　Corresponding author: Yang Zisheng, born in Dali County, Yunnan Province in 1964, male, the Bai nationality, Doctor degree of Science, Professor, leader of Institute of Land & Resources and Sustainable Development, Yunnan University of Finance and Economics. Tel: 0871 – 65023648, 13888964270. E-mail: yangzisheng@ 126. com.

　　编者注: 本文已被 EI 收录; 并于 2013 年 7 月获 "全国土地资源优秀论文奖" 一等奖 (中国自然资源学会)。

country and about two thirds of its total land areas are mountains and level ground only accounts for the remaining one third. The land suitable for living and production concentrates on the level ground. Normally, the mountainous and hilly areas can hardly be developed and utilized due to limitations by natural conditions. In recent years, China has been forced to claim new construction land from mountains due to tense human-land relationship and outstanding dilemma between construction land use and arable land protection. In 2011, some mountainous provinces of China announced that they would change urban construction land use mode, make great efforts to claim land from low hills and gentle slopes, and build urban and industrial projects on hilly land. Many of these provinces, including Yunnan, Guizhou, Hunan, Hubei, Jiangxi, and Jiangsu, have carried out "experimental comprehensive development and utilization of low-hill and gentle-slope land." To build towns on hilly land, the primary factors under consideration and analysis should be its geology, terrain, landform, hydrology, and ecological environment. Then, the construction land suitability evaluation can be done, the key to which is the selection and building of the evaluation indicator system. However, both at home and abroad, there have been a lot of practice and study of the suitability evaluation for the construction land in plain area, but few for that in mountainous area [2]. Consequently, the building of the indicator system for evaluating the suitability of the mountainous land for construction remains weak. In this sense, building a relatively scientific and feasible indicator system for evaluating the suitability of the mountainous land for construction is the basis for making such evaluation, realizing a reasonable layout for urban construction land, and guaranteeing urban sustainable development.

Based on the aforesaid, by expounding on the principles for indicator selection and taking into consideration mountainous land use characteristics, this paper analyzes, screens, and picks out the indicators, which combine special factors with basic ones, for evaluating the suitability of the mountainous land for construction. It also carries out weighted distribution of factor indicators by using Analytical Hierarchy Process and Delphi approach comprehensively and quantized grading of evaluation indicators by using the theories of fuzzy mathematics. It aims to build an indicator system for evaluating the suitability of the mountainous land for construction and offer scientific foundation for such evaluation.

2 Principles for selecting evaluation indicators

2.1 Principle of being scientific

Based on science, choosing the influencing factors that can truthfully reflect the essential features of the mountainous land for construction and the development regularity, highlighting the characteristics of the mountainous land assigned for urban and industrial projects.

2. 2　Principle of favoring leading factors

Factors that have major and decisive influence on the suitability of the mountainous land for construction should be chosen as indicators. These factors directly decide whether the land is suitable or not for construction.

2. 3　Principle of being systematic

It is required that the indicators be able to wholly and systematically reflect the features and status of the major elements of mountainous land for construction and the relationship among them. Efforts should be made to include as many suitability factors of mountainous land for construction as possible.

2. 4　Principle of being operable

The measurement indicators chosen should be measurable and easy to measure. Data collection and use should be relatively easy. In particular, when study scope is relatively large, special attention should be paid to the easiness in operating the evaluation indicators[3].

2. 5　Principle of being independent

The evaluation indicators should be mutually independent. They should not contain each other, overlap each other, or be the same in essentials while differing in minor points.

2. 6　Principle of being stable

Suitability refers to that within a certain period. The evaluation indicators chosen should be relatively stable and should remain unchanged or should not change easily under current technical conditions.

3　Building of the evaluation indicator system

3. 1　Choosing of the evaluation indicators

Following the aforesaid principles and on the basis of making in-depth analysis of the factors that influence the suitability of the mountainous land for construction, the decision-makers should comprehensively consider the characteristics of the land. The following scenario should be avoided: while an indicator shows that a piece of land is not suitable for serving as construction land, the final comprehensive suitability grade of the land suggests otherwise. To avoid such scenario, the indicator system combining special factor indicators with basic factor indicators should be constructed (See Table 1 and Table 2). In addition, the special factors are put through maximum condition method (also known as one-vote veto method) to directly determine if the land under evaluation is suitable or not. This way, the accuracy of the evaluation result is guaranteed and the requirements for the suitability evaluation can be satisfied.

Table 1 Special factor indicators

Level-one indicators	Geological conditions	Terrain and landform	Social and economic factors
Level-two indicators	Geological disasters and their threat magnitude	Gradient	Mineral coverage

Table 2 Basic factor indicators

Level-one indicators	Geological conditions		Terrain and landform	Ecological environment	
Level-two indicators	Lithology, soil property, bearing capacity of the ground	Geological disasters and their threat magnitude	Gradient	Ecological sensitiveness and ecological impact	Green habitat condition
Level-one indicators	Social and economic factors			Weather condition	Weather condition
Level-two indicators	Transport condition	Surface workload and construction cost	Mineral coverage	Water supply and drainage conditions	Ventilation and illumination

As shown in Table 1 and Table 2, this paper mainly considers the factors in six aspects when choosing the indicators for evaluating the suitability of the mountainous land for construction:

3.1.1 Geological conditions

Geological condition is the basis of building site selection.

1) Lithology and soil property: Lithology and soil property decide the bearing capacity of the ground, which in turn decides the firmness of the building foundation, and also the number of building stories, building structure, and building usage. Therefore, lithology and soil property must be considered during indicator selection.

2) Geological disasters: Geological disasters mainly include earthquake, surface subsidence and ground cave-in, collapse, landslide, mud-rock flow, ground fissure, desertification, coal field underground fire, and so on. In whatever form, geological disasters pose a great threat to urban and rural buildings and even human life [4]. Therefore, they should be taken seriously during construction land suitability evaluation. They should be viewed as a special factor. All geological-disaster-prone areas should be evaluated as unsuitable for construction.

3.1.2 Terrain and landform

Terrain and landform indicators include slope gradient, aspect, surface, and elevation. However, as slope aspect, surface, and elevation have great impact only on soil nutrient and moisture-energy distribution, relatively great restraint on plant growth, but relatively minor relevance to buildings, they are not given much consideration so as to lighten evaluation workload. Different from them, slope gradient has an obvious influence on urban land use layout. Its magnitude decides to certain extent whether or not a town can be developed and the size of the development cost. Therefore, terrain and slope gradient have close and intrinsic relationship with urban construction[5]. Moreover, steep slope may easily lead to landslide and mud-rock flow and cause great harm to towns. Therefore, gradient factor should be chosen as a special-factor evaluation indicator during the evaluation. There should also be a provision specifying that all slopes steeper than 25° are not suitable for construction.

3.1.3 Ecological environment

Ecological environment is the basis of human survival and development. Its sustainability guarantees the sustainable development of an area. The development of low-hill and gentle-slope land is limited by local ecological environment and in turn affects and changes the ecological environment.

1) Ecological sensitiveness and ecological impact: Ecological sensitiveness refers to the adaptation capability of ecological factors to outside pressure or change on the premise of not losing or reducing environmental quality[6~7]. During development and construction, the area with relatively low ecological sensitiveness should be chosen so as to reduce ecological impact.

2) Green habitat condition: Green habitat condition is another important influencing factor. It has especially significant relevance to housing land use and directly influences people's quality of life. It decides the site choosing for housing.

3.1.4 Social and economic factors

The final goal of hilly land development is to increase usable land area and thus offer basic guarantee for sustainable social and economic development. In the process of development, not only should the economic value of hilly land development be considered, but the development should be technically feasible and economically frugal.

1) Transport condition: Transport convenience decides not only the transport cost during development, but the convenience of people's production and daily life in a long period after the town is constructed. Therefore, the site with high transport convenience should be chosen. It should be near the existing roads or be suitable for road construction.

2) Surface workload and construction cost: In principle, mountainous area development should involve small volume of earthwork, low construction cost, and be economically practical and feasible under current technical conditions.

3) Mineral coverage: Mineral coverage is an important indicator for evaluating the suitability of the land for construction. It is generally known that mineral resources decide the development

orientation of a town. The place with coal or iron mine is often developed into a mining or metallurgical town while the one with petroleum into a petrochemical town. Therefore, the area covered with minerals, especially the important ones, should not be assigned for urban construction. Mineral coverage should be viewed as a special factor.

3.1.5 Hydrological conditions

Water resource is an important factor in deciding a town's spatial development pattern. It has always been an important reference factor in choosing the site for urban construction. Therefore, regional water supply and drainage conditions should be emphasized during mountainous land development.

3.1.6 Weather conditions

Weather conditions also have significant impact on construction land use. For example, industrial projects are normally arranged on the leeward side and houses on the windward side. In addition, lighting and heating are two important factors for buildings. During the evaluation, ventilation and illumination should be chosen as basic factors.

3.2 Weighted distribution of evaluation indicators

Analytical Hierarchy Process and Delphi approach are used to determine the evaluation indicator weight, including that of each single indicator and comprehensive indicator (See Table 3).

Table 3　Indicators weight for evaluating the suitability of the mountainous land for construction

Level-one indicators	Level-one indicators weight	Level-two indicators	Level-two indicators weight
Geological conditions	0.26	Lithology, soil property, bearing capacity of the ground	0.12
		Geological disasters and their threat magnitude	0.14
Terrain and landform	0.15	Gradient	0.15
Ecological environment	0.18	Ecological sensitiveness and ecological impact	0.12
		Green habitat condition	0.06
Social and economic factors	0.24	Transport condition	0.06
		Surface workload and construction cost	0.10
		Mineral coverage	0.08
Weather condition	0.07	Ventilation and illumination	0.07
Hydrological condition	0.10	Water supply and drainage conditions	0.10
Total	1.00	Total	1.00

3.3 Quantized grading of evaluation indicators

Quantized grading of evaluation indicators is the basis for stipulating scientific evaluation standards. The indicator system for evaluating the suitability of the mountainous land for construction contains numerous factors. Among the evaluation indicators are both quantitative and qualitative ones. It is difficult to set a clear boundary between their suitability levels. Therefore, there is certain fuzziness in suitability level grading of each evaluation factor. It is more appropriate to use the theories and methods of fuzzy mathematics to evaluate construction land suitability than other methods.

Theories of fuzzy mathematics can be used to divide evaluation indicators into four levels: highly suitable, moderately suitable, barely suitable, and unsuitable. Then, Delphi approach is adopted and experts grade the suitability of the four levels through several rounds. Take gradient for example: less than 6° —— highly suitable (level-one construction land), between 6° and 15° —— moderately suitable (level-two construction land), between 15° and 25° —— barely suitable (level-three construction land), and more than 25° —— unsuitable for construction.

Conclusion

Suitability of mountainous land for construction faces the greatest limitation by natural factors. In selecting the suitability evaluation indicators, the natural factors of the mountainous land should be emphasized. These include geological conditions, terrain and landform, ecological environment, and hydrological and weather conditions. Of course, the impact of social and economic conditions on the evaluation of the suitability of the land for construction can never be ignored. Therefore, an indicator system fitting in well with local natural environment and social and economic environment should be established for evaluating the suitability of the mountainous land for construction.

In addition, the factors that have direct decisive or major impact on suitability judgement should be viewed as special factors (such as gradient, geological disasters, and mineral coverage) and put under emphasized analysis. Based on this, the areas involving special factors are directly judged as suitable or unsuitable by using maximum condition method. In this way, the scenario in which a place passes the comprehensive evaluation but fails to have certain single factor can be avoided. Therefore, the indicator system composed of both special and basic factors can better meet the features of the mountainous land for construction.

The indicator system established by this paper is for evaluating the suitability of the land for construction in most mountains. In actual evaluation, local conditions should be analyzed and the system be used flexibly.

Acknowledgment: This study is funded by the National Natural Science Foundation of China (No. 41261018). We thank Master Zhang Bosheng, Chen Xingyi and Wang Hui from Institute of Land &

Resources and Sustainable Development, Yunnan University of Finance and Economics for their friendly helps.

References

［1］ Institute of Mountain Hazards and Environment, CAS, *Overview of Mountain Science with Chinese Mountain Research* ［M］, Chengdu: Sichuan Science and Technology Press, 2000: 6.

［2］ Zhou Chao, Nan Xiao-na, "GIS-based Suitability Assessment of Mountainous Construction Land: A Case Study on Central Area of Langao Country" ［J］, *Journal of Tianjin Institute of Urban Construction*, 2011, 17 (2): 90.

［3］ Zeng Zhaobing, Cheng Xiaomin, Li Yingsheng, Qiu Yaorong, et. al., "Study on the Evaluation Index System of Ecological Land in Qinpu District in Shanghai" ［J］, *Chinese Agricultural Science Bulletin*, 2007, 23 (11): 329.

［4］ Li Kaimeng, "Engineering Construction Projects and its Risk Assessment of the Geological Disasters" ［J］, *China Investment*, 2009, (11): 96 – 97.

［5］ Zhao Tao, "Urban Land Expansion and its Driving Mechanism in China" ［D］, Graduate University of Chinese Academy of Sciences, 2005: 50.

［6］ Yang Zhifeng, Xu Qiao, He Mengchang, "Analysis of City Ecosensitivity" ［J］, *China Environmental Science*, 2002, 22 (4): 360 – 364.

［7］ Yin Haiwei, Xu Jiangang, Chen Changyong, et al., "GIS-Based Ecological Sensitivity Analysis in the East of Wujiang City" ［J］, *Scientia Geographica Sinica*, 2006, 26 (1): 64.

云南"建设用地上山"战略实施现状、问题及对策[*]

云南"建设用地上山"战略实施现状、问题及对策[*]

费　燕　杨子生

（云南财经大学国土资源与持续发展研究所，昆明650221）

摘　要　我国是一个多山的国家，而云南是我国西部最为典型的山区省份之一，平地（坝区）仅占土地总面积的6%。切实改变当前不合理的建设用地扩张模式，大力减少建设占用平地优质耕地的情况，切实推进新增建设用地合理布局到缓坡宜建山地，已成为云南省的重要发展战略。本文在阐述云南省"建设用地上山"战略实施现状的基础上，分析了当前实施"建设用地上山"战略取得的经验和存在的主要问题，并提出了今后进一步实施"建设用地上山"战略需要采取的主要对策。

关键词　建设用地上山　战略　坝区　耕地保护　云南

引言

我国是一个多山的国家，全国山地（包括丘陵、高原）面积占了国土总面积的69%[1]。云南作为我国西部最为典型的山区省份之一，山地（包括高原）占了全省土地总面积的94%，平地（云南俗称坝区）仅占6%。根据云南省土地详查，1996年全省共有1586401.82 hm² 的水

---

* 基金项目：国家自然科学基金资助项目（41261018）。

第一作者简介：费燕（1986～），女，浙江嘉兴人，硕士生。研究方向为土地资源与土地利用规划。联系电话：15288438704；E‑mail：feiyankunming@sina.com。

通讯作者：杨子生（1964～），男，白族，云南大理人，教授，博士后，所长。主要从事土地资源与土地利用、土壤侵蚀与水土保持、国土生态安全与区域可持续发展等领域的研究工作。电话：0871‑5023648（兼传真）；手机：13888964270；E‑mail：yangzisheng@126.com；地址：昆明市龙泉路237号云南财经大学国土资源与持续发展研究所；邮编：650221。

田，而 2009 年云南省第二次全国土地调查时（以下简称"二调"）水田面积为 1448148.90 hm²，从 1996 年"一调"到 2009 年"二调"的 13 年里，水田面积减少了 138252.92 hm²，净减少 8.71%。坝区优质耕地，尤其是水田的急剧减少给全省粮食安全带来了巨大的隐患。据统计，2000 ~ 2010 年全省各类建设占用耕地达 18 万 hm²，其中占用坝区良田好地的比例达 78%[2]。虽然所占耕地实现了占补平衡，但占优补劣、占坝补山的现象较为突出，耕地数量可以保证，但是质量却难保[3~4]。另外，云南省坡度为 8° ~ 25° 的缓坡土地约达 1800 万 hm²，占全省国土面积的 47%，其中适宜开发成建设用地的约达 116 万 hm²，开发潜力相当巨大。

山多坝少的地理特征，决定了云南省保护耕地与满足建设用地需求这对矛盾将长期存在，并将随着云南省经济建设脚步的加快而进一步加剧。目前全省已有 30% 的坝区优质耕地被建设占用，并且呈现逐年增加的趋势，如再不转变这种建设用地扩张模式，那么不远的将来，坝区的优质耕地将消耗殆尽。

2011 年初，云南省政府组成 8 个专题调研组，分赴近 40 个典型县（市、区）调研，充分证实了保护坝区耕地、建设用地上山的条件已经非常成熟，各级干部及群众对保护坝区耕地的愿望都非常强烈[5]。2011 年 8 月 31 日，云南省人民政府正式印发《云南省人民政府关于加强耕地保护促进城镇化科学发展的意见》（云政发〔2011〕185 号），充分肯定了加强耕地保护和促进城镇化科学发展的重要意义，并提出了加强耕地保护和促进城镇化科学发展的总体要求、工作重点以及政策措施。2011 年 9 月，国土资源部部署云南省开展低丘缓坡土地综合开发利用的试点工作[6]，将 8 个州（市）列为国家级试点。

保护坝区农田、实施"建设用地上山"战略是云南省贯彻落实中央"三个最严格"土地管理制度而做出的重大决定，是化解耕地保护与建设用地需求矛盾、破解保护资源与保障发展"两难"困局、促进保耕地和保红线"双保"工程的伟大创举，将对云南省社会经济发展产生巨大影响，同时也在山区土地资源合理开发利用方面为其他省份提供借鉴。

2 "建设用地上山"战略实施的现状

自 2011 年 8 月份以来，在广泛调研的基础上，"建设用地上山"战略已成为省委省政府确定的重大发展战略之一。经过一年多的实施，目前已取得了一定的进展。

2.1 坝区界线与地类面积核定

坝区界线及地类面积核定是"建设用地上山"的基础和依据。为了能更好地掌握全省坝区分布的情况与具体的地类面积，云南省于 2011 年下半年开始核定全省大于 1 平方公里坝子的范围界线和地类面积。主要利用第二次全国土地调查成果和 GIS 技术手段，经过近半年的时间，于 2012 年底完成了全省坝区范围界线和地类面积的核实。再对照已经确认的坝子范围边界，以"二调"数据和基本农田数据库为基础，进一步分析坝子内的土地利用现状分类面积和基本农田面积。

在此基础上，初步建立了云南省坝区土地利用数据库及管理系统，实现了坝区土地利用现状的信息化管理，为加强坝区农田保护，促进城镇化科学发展提供了基础数据及管理平台。

2.2 完善"三规"

由于推行"建设用地上山",原来编制的相关规划将不再适用,要从"建设用地上山"、加强坝区耕地保护的角度对原有的规划进行完善。具体包括土地利用总体规划、城镇建设近期规划、林地保护利用规划3个规划(即"三规")。省国土资源厅、住房城乡建设厅、林业厅分别组织开展了相关规划的编制和调整完善工作。其中城市规划主要调整建设用地的规模布局,林业规划主要调整林地的保护范围界线,土地规划主要调整基本农田与建设用地的布局。其中,土地利用总体规划则是此次完善的重点。

完善土地利用总体规划的主要工作包括:①调整原有的建设用地布局。原先的规划将大量的建设用地安排在坝区,占用了大量的坝区耕地,在完善规划时将建设用地从坝区调出一部分,布局于坝区周边缓坡宜建地带。②增加坝区耕地,特别是基本农田的面积。原规划建设用地布局在坝区,使坝区的耕地面积相应减少,而现在将建设用地从坝区调出,将使坝区耕地特别是基本农田的面积增加。③确保规划布局总体的稳定。除了建设用地与基本农田的布局调整外,其他地类的布局应尽量保持不变。此次完善规划在原有规划指标不变的基础上,还将增加坝区耕地划入基本农田比例、基本农田中坝区耕地比例、城镇新增建设用地山地布局比例3个指标,作为本次完善规划特有的考核指标,以期能更好地实现保护坝区耕地的目的。而城镇建设近期规划、林地保护利用规划则以土地利用总体规划为标准,在符合土地利用总体规划的前提下对原有的规划进行完善。

2.3 "三规"联合审查

"三规"联合审查是指由省政府统一组织,省国土资源厅、住房城乡建设厅、林业厅抽调相关管理人员和技术人员组成联合审查组,对土地利用总体规划、城镇建设近期规划、林地保护利用规划3个规划的科学性、合法性、规范性及其衔接情况等进行审查,并及时协调解决3个规划调整完善中存在的重大问题。其中,国土资源厅重点审查土地利用总体规划各项约束性指标和坝区优质耕地保护主要指标,土地利用总体规划各项约束性指标必须符合上级规划下达的土地利用调控指标,耕地保有量和基本农田保护面积不能减少,建设用地规模不能突破;住建厅重点审查"城镇上山"的适宜性和建设用地布局;林业厅重点审查林地保护区域分布和林地利用区域调整。"三厅"着重协调基本农田保护区界线、林地保护界线和城镇建设用地规模界线。

"三规"联合审查自 2012 年 1 月 21 日启动,2 月 28 日结束,历时一个多月,完成了对云南省 129 个县(市、区)城镇上山"三规"调整完善编制成果的联合审查。"三规"联合审查机制实现了将不同部门的三个规划紧密联系在一起,解决了建设用地布局、耕地保护与林地保护三者之间的矛盾和冲突。通过三部门的努力,全省 1.47 万 hm² 新增建设用地从坝区调向缓坡山地,80% 以上的坝区优质耕地划为基本农田[7]。

2.4 印发《坝区耕地质量补偿费征收使用管理办法》

2012 年 3 月 22 日,云南省国土资源厅、云南省发展和改革委员会、云南省财政厅、中国人民银行昆明中心支行联合发布《云南省坝区耕地质量补偿费征收使用管理办法（试行）》（云国土资〔2012〕49 号）。《办法》规定，非农建设占用坝区耕地的用地单位，除按照《土地管理法》中规定的"占一补一，先补后占"的要求完成占补平衡任务或缴纳耕地开垦费外，为提高耕地质量需额外缴纳坝区耕地质量补偿费，具体的征收标准为各县（市、区）新增建设用地土地使用费征收标准的 20 倍。全省 129 个县（市、区）分成了九个等级，相同等级内的县（市、区）耕地质量补偿费相同。九个等级补偿费从最高的 1280 元/m² 到最低的 200 元/m² 不等。用地单位所缴纳的补偿费将专项用于农村土地整治、基本农田保护、新农村建设、适建山地公共基础设施建设和前期开发、林业植被修护等。耕地质量补偿费用的提高直接影响了各用地单位在坝区拿地的成本，将原先"一刀切"的耕地补偿费划分成"三六九等"，从经济方面左右了用地单位的决策，促进了"建设用地上山"的推进。

2.5 典型县市"建设用地上山"的实施情况

2011 年 9 月 5 日，云南省委、省政府在大理召开工作会议，全面部署了全省保护坝区农田、建设山地城镇的工作。随后，国土资源部部署云南省开展低丘缓坡土地综合开发利用的试点工作，大理被列为国家级试点。其实，大理早在 2006 年就提出了城市开发的"两保护、两开发"工作思路，即保护洱海、保护海西，开发海东、开发凤仪[8]。2012 年大理"三规"完善编制工作更是全面体现了保护海西坝区优质农田、开发海东山地资源的发展思路，将大理市70% 的建设用地布局在海东。在完成"建设用地上山"的相关基础工作后，积极向云南省申报了 6 个国家级和 7 个省级山地综合开发试点片区。其中，已经通过云南省国土资源厅批复的下和、上登低丘缓坡土地综合开发利用试点项目实施方案，总面积超过 2000 hm²。预计到2025 年，该片区建成区面积将达到 3000 hm²，可容纳约 25 万人[9]。

2011 年宜良县被确定为云南省唯一的基本农田永久划定试点县和 10 个调整完善县乡土地利用总体规划的试点县之一[10]，坝区新增建设用地由之前的 713 hm² 减少到 387 hm²，坝区基本农田则从 11500 hm² 增加到 16100 hm²，规划中 3400 hm² 的工业园区全部布局于宜建缓坡地带[11]。宜良县制定了工业和城市建设上山、优质耕地下山的思路，有效地保护了坝区的优质耕地资源，以开发山地资源来保障工业发展，并通过工业园区的方式实现了工业项目的集聚。2012 年 2 月 27 日，由国土资源部组织的全国低丘缓坡未利用地开发利用试点现场观摩会在昆明召开[12]，会议期间代表们参观了宜良县"工业向园区集中，园区向山地布局"的山地开发模式，并给予一致好评。如今以宜良县为代表的山地工业园区建设已经在云南推广，曲靖、玉溪、红河等纷纷效仿宜良建设山地工业园区。

3 "建设用地上山"战略实施取得的经验

3.1 要"上山"先摸底

建设用地"上山"最重要的是搞清楚哪些平地是要保护的，哪些山地是能上去的。哪些平地需要保护很容易确定，通过坝区界线与地类面积核定工作就可以清楚地看到坝区与坝区内优质耕地的分布。但是哪些山是能上的，不是很简单就能够确定的。由于云南省特殊的地貌特征，滑坡、崩塌、泥石流等灾害的多发地带广泛分布于全省[13]。与此同时，作为"有色金属王国"的云南，地下又蕴涵着丰富的矿产资源。在推进建设用地"上山"的过程中既要确保所选地块无地质灾害隐患点，保障建设用地"上山"后的人身与财产安全，又要保证不压覆重要矿产资源，不会对今后的矿产资源开发造成阻碍。此外，作为生态脆弱省份，全省水土流失面积达 14.1 万 hm²[14]。如何才能避开生态脆弱区，防止"上山"导致新的生态环境恶化，这就要求"上山"之前必须对"上山"地块开展一项基础性的调查研究工作，即建设用地"上山"适宜性评价。全国许多其他地方也作过类似的评价[15~16]，但是很少像云南省这样在全省范围内开展山区建设用地适宜性评价的。云南省地貌类型复杂多样，进行适宜性评价指标体系需要因地制宜，因此，研究成果非常值得在全国范围内推广。

3.2 "上山"也不得多占耕地

"建设用地上山"的目的是为了保护坝区的优质耕地，但并不意味着可以无限制地占用山上的耕地。云南省有 94% 的国土面积是山地，因此，适宜耕种的平地数量较少，在坝区周边的适建山地、坡地仍然保留着较多的坡耕地，其中一部分坡耕地的质量也较好，应保留其原有的土地利用方式。要明确"建设用地上山"的对象是坝区周边适建山坡地上的未利用地或劣质耕地与劣质林地，特别是未开发的荒山荒坡，主要的坡度范围为 8°~25°[17]。如果建设用地"上山"后只是将原先占用坝区耕地改变为占用坡耕地，那么保护耕地的最终目标仍然没有得到最大程度的实现。正是因为意识到这一情况，在制定"建设用地上山"的相关工作方案时，云南省就明确提出了项目区除了不得占用良田好地之外，占用劣质耕地亦不能超过新增建设用地总规模的 30%。也就是说，即使是劣质耕地，也不是想占多少就可以占多少。

3.3 政府组织"三厅"联合审查"三规"

"三规"按照"以土地利用总体规划为主导，城镇建设规划必须符合土地利用总体规划，林地保护利用规划要为土地利用总体规划做支撑"的原则，实现了"三规"的有机统一。三个规划在用地规模、空间布局上实现了基本衔接，做到三个规划发展方向上的一致，空间布局上的相互衔接，工作推进上的相互协调。"三规"联合审查可以说是一种部门之间合作方式的创新，它打破了部门与部门之间的隔阂，将与土地管理关系最密切的几个部门集合在一起，使不同部门之间的沟通更加直接且有效，使各部门在今后工作中的矛盾、冲突得到最大程度的减少，更加有利于"建设用地上山"工作的开展。

4 "建设用地上山"战略实施中存在的问题

4.1 "建设用地上山"的征转

根据《云南省人民政府关于加强耕地保护促进城镇化科学发展的意见》和《国土资源部

关于开展低丘缓坡土地综合开发利用试点工作的通知》，适宜开发的山坡地、未利用地在完成土地征转前期工作、对农民进行补偿安置的前提下，可以统一进行场地平整和配套基础设施建设，依据分期建设的具体安排，再办理农用地征转手续和项目供地手续。但这与《土地管理法》中规定的"建设占用土地，涉及农用地转为建设用地的，应当办理农用地转用审批手续"相左，是否可以按照文件执行存在一定问题。并且"建设用地上山"从前期开发到真正供地存在一定的时间差，按照《土地管理法》中规定的土地征收、转用后要求当年供地率必须达到50%以上，"建设用地上山"土地开发明显达不到这个要求。其次农用地与未利用地转为建设用地还涉及新增建设用地计划指标的问题，而新增建设用地计划指标是由国土资源部下达至云南省，再由云南省下达至各州（市），单个州（市）的新增建设用地计划指标通常每年只有几百公顷。州（市）在安排单独选址与批次用地之余，并没有多余的新增建设用地指标可以专项用于"建设用地上山"。何况"建设用地上山"征转的面积通常都比一般性的批次与单独选址用地面积大得多，每年新增建设用地指标的下达量远远满足不了需求。如何使"建设用地上山"的征、转、用既符合实情又不违背国家相关法律，还有待进一步的商榷和研究。

4.2 "建设用地上山"的盲目扩张

目前云南省在全省范围内推广"建设用地上山"工作，全省16个州（市）中属于国家级试点的包括昆明、曲靖、玉溪、楚雄、大理、德宏、红河、西双版纳8个州（市），每个州（市）各选取2~3个县（市、区）开展试点工作；省级试点包括保山、丽江、普洱、文山、昭通、临沧、迪庆、怒江8个州（市），每个州（市）各选1~2个县（市、区）开展试点工作。在全省范围内开展"建设用地上山"工作可以说是有利有弊：利是全省范围内可以开发的缓坡宜建山地数量比较充分且分布广泛，各州（市）均有涉及，开发成功后可以有效缓解当前全省建设用地紧张的问题，各州（市）开发的经验可以在全国推广，对于山地多平原少的我国是非常有借鉴价值的；弊是各州（市）同时开展"建设用地上山"，由于缺少借鉴的经验及有效的监管措施，"一哄而上"地开发极有可能导致开发模式的雷同性及开发行为的违法违规性，同时为了争取更多的资金以及政策上的优惠和扶持，各州（市）也会出现抢着、赶着"上山"的问题。

如果说之前在坝区"摊大饼"是一种不可持续的建设用地扩张模式的话，那么大面积、大范围地推行"建设用地上山"是否会成为另外一种形式的不可持续模式？上山究竟应该是"大步向前迈"还是"三思而后行"？

4.3 保耕地与保生态之间的矛盾

"建设用地上山"的初衷是为了保护坝区的优质耕地，转变当前不可持续的建设用地扩张模式，将原先大面积布局于坝区的建设用地转移到缓坡宜建地带。但是，在缓坡宜建山地上进行土地开发，尤其是开发为建设用地，不可避免地会对天然的地形地貌产生显著的影响。在开发初期，建设项目施工对于地表植被、土层以及地下水系统的破坏以及随之而来的森林覆盖率的降低、水土流失强度的增加等都是不可避免的。

而建设开发完成、项目入驻后，人类活动所带来的环境污染又是不可忽视的：工业类用地在今后的生产过程中所产生的工业"三废"的排放及处理都会对当地的生态环境及自然植被产生影响；城镇建设容易形成一个污染的集中区，以辐射方式对周边的生态环境进行干扰；即使是没有对当地的植被与土层进行大面积改造的旅游用地，游客过载、过度践踏所带来的环境影响也是不可忽视的。"建设用地上山"，最后会不会变成以损失生态的代价来保护耕地，现在尚不得而知。云南省土地利用的功能定位是"国家生态安全和生态保育功能"，如果推广"建设用地上山"引起一系列的生态环境问题，那也是不可取的。

4.4 "三规"衔接中的问题

由"三厅"进行"三规"联合审查，在取得一定成效、获得一些经验的同时，所带来的却是更多的问题。首先，由于三个规划采用的基础数据、规划底图、分类标准以及技术规程等均不一致，三个规划要在土地利用布局和空间管制上做到相互衔接，仅在技术方面就有相当大的难度。且由于缺乏专门的指导规划统一编制的"三规"规程，所做的规划都是以各自的规程为依据，各项技术指标内涵差别很大，所以在"三规"联合审查之前需按各自规程进行预审查，待到预审查结束后再进行三部门的联合审查。而由于缺乏统一的规程，联合审查也就缺乏统一的标准及原则，审查结果缺乏可靠性、可行性，难以服众。

其次是三个规划图件在叠加时重叠面积过大，虽然规定对于重叠区域需调整相关规划确定的规模界线，但是具体的调整标准并没有说明。例如基本农田与自然保护区、国家级公益林、省级公益林重叠面积较大。基本农田保护面积属约束性指标，495 万 hm^2 基本农田是国家下达给云南省必须完成的任务，云南省如不能完成国务院下达的基本农田保护任务，省政府第一责任人将被追究领导责任。但是自然保护区、国家级公益林、省级公益林等作为重要的生态资源，也是不得不保护的，如何调整才是最优的解决方案，不得而知。

最后是三部门所关注的重点不同。住建部门注重的是城乡建设用地的布局，国土部门注重的是耕地的保有量，林业部门注重的是林业用地的保护。"三规"衔接的最后成果——"一书一图"（即《城镇上山三个规划衔接说明书》和《城镇上山三个规划衔接图》）并不能全面地反映不同部门的需求，且联合审查结果缺乏可靠性、可行性，必将对于三个规划的实施形成阻碍。

5 进一步科学实施"建设用地上山"战略的对策与建议

5.1 "建设用地上山"报批的合理与合法

由于"建设用地上山"初期场地平整和基础设施建设所涉及的面积较大，如果一次性报批难度相当大，而且供地率也很难达到《土地管理法》中的规定，大面积集中一次性供地也不利于对土地进行严格的监管，容易造成管理漏洞，出现违法用地或者闲置土地等问题。现在有一些省份与地区已经开始实行征转分离的管理方法[18~19]，"建设用地上山"也可以按照征转分离的方式来进行。即按照实际开发计划将整个"建设用地上山"开发区域划分成相应的期数，在初期，先办理整个项目区的土地征用手续，待到实际开发开始后再根据需要办理当期相应的平整地块与基础设施的土地转用。本期土地开发完成后，再办理下一期的土地转用，这样既能解决"建设用地上山"中用地一次性征转所带来的问题，也能及时调整建设用地开发的速度与方向。

同时对于属于"建设用地上山"范围的土地转用安排一部分的专项新增建设用地计划指标。这部分指标的来源，可以是云南省省级预留指标，也可以恳请国土资源部下达一部分专项指标用于"建设用地上山"。这样，"建设用地上山"项目的用地指标不占用下达给各州（市）的指标，减轻了各州（市）的指标压力，也有利于控制全省范围内"建设用地上山"的进度与时序。

5.2 以项目支撑"建设用地上山"

"建设用地上山"开发完成后必须要有与之相配套的工业、城镇、旅游、基础设施等项目作支撑。如果建设用地前期开发完成后，没有项目要落地，缺乏相应的项目作支撑，那么必将造成新的土地闲置与浪费，与"建设用地上山"所倡导的科学推进城镇化的原则相左。这就要求在"建设用地上山"过程中最好能做到具体项目与具体用地挂钩，即在"建设用地上山"办理土地转用的时候最好能拿出相应的项目落地方案，将项目的落实作为审批"建设用地上山"土地转用的重要依据。这样不仅有利于保证"建设用地上山"的科学性，也限制了各州（市）大面积、大范围盲目开发山地资源。

同时项目与用地挂钩还能在一定程度上缓解"建设用地上山"的资金压力。由于"建设用地上山"开发通常涉及的范围较广，资金周期较长，且在初期缺少合理的奖惩机制，光靠政府部门难以负担开发费用。通过积极引导用地单位，鼓励用地单位参与到"建设用地上山"的前期开发中，共同承担开发费用，可以在一定程度上减轻资金的压力。

此外，即使是"建设用地上山"，即使不占用坝区耕地，对于"两高一资"项目以及属于限制、禁止用地目录的和不符合国家供地政策的项目也应该说不。各级政府与相关部门要严格把关，贯彻执行国家的供地政策与限制和禁止供地目录，不让任何不符合规定的项目有机可乘，搭"建设用地上山"的顺风车搞违规违法行为。

5.3 注重生态的后期与定期评估

建设用地开发后的山地，原先的植被、土壤层与水文地质遭到破坏，而且这种破坏几乎是不可逆转的。所以要求在"建设用地上山"开发的初期，将"建设用地上山"之前山地的生态环境作为建设用地适宜性评价的指标，识别并避让生态环境脆弱、不适宜进行山地开发的区块。但是，仅仅将生态问题列为初期的考量指标是远远不够的。由于生态问题的特殊性，在前期很难对建设用地开发所带来的生态影响进行准确的测算，仅仅能对开发前的生态环境作评估，确保开发前的生态环境能够有一定的能力承载建设用地开发。在真正实施建设用地开发后，原先的生态环境已经发生改变，此时的生态环境是否还适宜开展人类活动，是否还具有比较好的承载力则不得而知。

因此，在"建设用地上山"开发完成、各区块的项目与设施正式投入使用后，必须再根据相应的开发区块位置、开发强度与开发利用方向制定出专门的生态评估指标体系，对区块进行评估。因为此时"建设用地上山"对于周边生态环境的影响相较于开发之前与开发初期进入相对稳定状态，对周边生态环境的干扰也较之前平缓，此时再作评价可以真实地反映经过建设开发后山地生态环境的变化。

此外，更重要的是要建立起"建设用地上山"长期及定期的生态环境监测机制，制定专门的生态评估系统，即包括具体的评价指标、生态安全警戒值等，针对"建设用地上山"的区块开展定期评估。如果评估结果非常接近警戒值，就应该开展一定的补救措施，以防止当前情况继续恶化；一旦评估结果超过警戒值，就应该立即暂停在山地上的人类活动，待到评估结果回归至警戒值以下，方可重新开展原先的活动。

5.4　加强各部门间的分工与合作

对于"建设用地上山"这样一项综合性极强的活动来说，虽主要偏重于土地利用方面，但所涉及的不仅仅是国土、住建、林业等部门，发展和改革、农业、能源、旅游、交通等部门在其中也扮演着重要的角色。特定的项目，涉及的部门将会更加复杂，所需解决的问题也将更加具体。而由于各部门在社会发展中所扮演的角色不同，各自所关注和擅长的领域也会有所差别，因此由任何单一部门主管"建设用地上山"活动都有所偏颇。

省政府作为领导部门，应协调各部门紧紧围绕"建设用地上山"明确各自的分工并加强彼此之间的合作。其中，国土、住建、林业部门主管"上山"用地的审批：住建部门具体办理项目建设用地规划审批，国土部门办理建设用地征收、转用审批，林业部门办理占用林地的审批，待到项目用地征转、林地占用、建设规划完成后，国土部门再按照具体的项目用地要求办理土地供应手续。能源、旅游、交通、发展和改革等其他部门则主管"上山"项目的审查与核实，具体项目由具体涉及部门跟进，确保"上山"的项目是可以且适宜"上山"的。此外，省政府应定期召集相关部门召开关于"建设用地上山"的工作会议，将各部门所遇到的情况与难点统一在会议上讨论并征求意见。对于各部门意见不能统一的问题，应出面协调落实解决方案并监督办理结果。明确奖惩制度，对完成"建设用地上山"工作较好的部门给予一定的表彰，对于未能完成"建设用地上山"工作的部门给予一定的处罚。

5.5　"建设用地上山"的节约与集约评价

"建设用地上山"新增建设用地指标专项单列，虽然减轻了各州（市）的指标压力，却也从另一方面使"建设用地上山"项目更加"泛滥"。如何才能防止盲目扩张"上山"所带来的供地率不达标及土地粗放利用问题的出现以及合理使用"上山"指标，必须慎重考虑。

我国作为一个人口大国，因人均土地资源较少，一直相当重视土地资源的节约与集约利用。同样，在"建设用地上山"的过程中也必须引入土地节约集约利用评价。但目前对于山地建设用地的节约集约评价研究还不够深入[20]，在山上搞建设，建筑密度、容积率等都和平地上有很大差异，不能完全照搬平地上的指标体系与评价标准。必须以平地的土地节约集约评价为基础，建立起一套"建设用地上山"专用且合理高效的节约集约评价方案，将其应用到"建设用地上山"管理中。同时将上期"上山"项目的节约集约评价结果作为申请当期新增建设用地指标的一个考量因素，以防止"上山"新增建设用地指标的抢用、乱用等现象。对于上期评价结果不达标者，将不予核拨当期新增指标；上期工程未竣工者，同样不予核拨指标。确保"上山"指标在分配上的合理与适度，从源头上控制"建设用地上山"开发的规模与进度。

参考文献

[1] 刘黎明：《土地资源学》（第四版）[M]，北京：中国农业大学出版社，2009，第291页。

[2] 李倩：《不论平地与山尖　无限风光尽被占——云南省调整城乡建设用地方式发展山地城市的实践》[J]，《中国土地》2011年第8期，第8～11页。

[3] 李自良：《用地上山　云南力推土地新政——专访云南省委书记秦光荣》[J]，《半月谈》2011年第19期，第31～35页。

[4] 李倩：《向山地进军——访云南省国土资源厅厅长和自兴》[J]，《中国土地》2011年第8期，第12～14页。

[5] 秦光荣：《走出一条符合实际的城镇化之路——关于云南保护坝区农田、建设山地城镇的调查与思考》[N]，《光明日报》2011年11月15日第3版。

[6] 胡存智：《在云南省保护坝区农田建设山地城镇工作会上的讲话》[J]，《国土资源通讯》2012年第18期，第18～20页。

[7] 张帆：徐元锋、胡洪江：《城镇上山　工业上山云南腾挪用地空间》（人民观察）[N]，《人民日报》2012年3月21日第1版。

[8] 段培灿：《大理州引导城镇建设上山》[N]，《云南日报》2011年10月31日第1版。

[9] 张永建：《我州推进低丘缓坡开发促用地上山》[N]，《大理日报》2012年8月17日第2版。

[10] 吴晓松、张蕾：《宜良县开山造地建工业园》[N]，《昆明日报》2011年1月2日第2版。

[11] 张蕾：《城镇工业上山　基本农田下山　宜良土地综合利用作法受国土部肯定》[N]，《昆明日报》2011年10月29日第2版。

[12] 徐德明：《推进低丘缓坡土地开发利用　支撑工业化城镇化健康发展——在低丘缓坡未利用地开发利用试点现场观摩会上的讲话》[J]，《国土资源通讯》2012年第6期，第13～15页。

[13] 耿弘、梁永宁、任坚：《云南地质灾害及灾害防治》[J]，《云南地质》2002年第21（3）期，第221～229页。

[14] 杨子生、刘彦随：《中国山区生态友好型土地利用研究——以云南省为例》[M]，中国科学技术出版社，2007，第20页。

[15] 陈前虎、黄彬、华辰：《山地丘陵可持续开发的用地评价模型与应用——以浙江省开化县工业新城为例》[J]，《浙江大学学报》（工学版）2009年第11期，第2100～2106页。

[16] 周潮、南晓娜：《基于GIS的山地城市建设用地适宜性评价研究——以岚皋县中心城区为例》[J]，

《天津城市建设学院学报》2011 年第 2 期，第 90～95 页。

[17]《保护坝区良田建设山地城镇——秦光荣接受央视"小丫跑两会"专访》[N],《云南日报》2012 年 3 月 4 日第 2 版。

[18] 王月基、黄鹄:《广西试行"征转分离"土地管理模式初探》[J],《西部大开发》2011 年第 9 期，第 1~2 页。

[19] 李珍贵:《"征转分离"是一把"双刃剑"——基于各地实践与探索的分析》[J],《中国土地》2012 年第 5 期，第 28～30 页。

[20] 赵小凤、黄贤金、陈逸等:《城市土地集约利用研究进展》[J],《自然资源学报》2010 年第 25 (11) 期，第 1979～1996 页。

Study on Implementation Situation、Remain Problems and Countermeasures of "Construction up to The Mountains" Strategy in Yunnan

Fei Yan, Yang Zi-sheng

(Institute of Land & Resources and Sustainable Development, Yunnan University of Finance and Economics, Kunming 650221, China)

Abstract: China is a mountainous country and Yunnan is the most typical mountainous provinces in the west part, plains (flatland region) accounted for only 6% of the total land area. Currently, changing the unreasonable construction land expansion mode, reducing constructions on the flat region with high quality and promoting of reasonable construction layout to the suitable ramp become an extremely important development strategy in Yunnan Province. Based on the current implementation situation of the "construction up to the mountains", this paper analyzed experiences and issues due to the current implementing situation. Furthermore, this paper set forward several countermeasures about the "construction up to the mountains" strategy in the future implementation.

Keywords: Construction up to the mountains; Strategy; Flatland region; Cultivated land protection; Yunnan

云南坝区耕地保护对策的探讨[*]

杨子生

（云南财经大学国土资源与持续发展研究所，昆明 650221）

摘 要 云南是我国西部最为典型的山区省份之一，平地（云南俗称为坝区）仅占土地总面积的 6.40%。切实改变当前不合理的建设用地扩张模式，减少建设占用坝区优质耕地的情况，切实推进新增建设用地合理布局到缓坡宜建山地，已成为云南省的重要发展战略。本文结合云南省 2011 年以来确立的"建设用地上山"（或称"城镇上山"）战略，探讨和提出了云南坝区耕地保护的 4 个基本对策：①认真贯彻落实"建设用地上山"战略，切实树立保护坝区耕地的理念；②科学编制和严格实施坝区耕地保护型土地利用总体规划，规范和约束各用地部门和单位对坝区耕地的利用与保护行为；③划定坝区永久基本农田保护区，确保坝区 80% 以上耕地得到永久性保护；④加大坝区高标准基本农田建设力度，进一步提升坝区耕地资源的农业综合生产能力。这一研究对于进一步深化对保护坝区耕地、建设山地城镇的认识，推进坝区耕地保护和"建设用地上山"战略的科学实施有着重要意义。

关键词 坝区 耕地保护 建设用地上山战略 土地利用总体规划 云南省

1 引言

云南是我国西部最为典型的山区省份之一，云南省第二次全国土地调查（以下简称"二

---

* 基金项目：国家自然科学基金资助项目（41261018）。

作者简介：杨子生（1964~），男，白族，云南大理人，教授，博士后，所长。主要从事土地资源与土地利用、土壤侵蚀与水土保持、国土生态安全与区域可持续发展等领域的研究工作。电话：0871 – 5023648（兼传真）；手机：13888964270；E – mail：yangzisheng@126.com；地址：昆明市龙泉路 237 号云南财经大学国土资源与持续发展研究所；邮编：650221。

调")及坝区核定结果表明,全省山区面积占了省域国土总面积的 93.60%,坝区(盆地、河谷等平地)仅占 6.40%,因此,可利用的平地资源数量非常有限。坝区既是云南省优质耕地的集中分布区,也是传统经济发展思路下的重点建设区。

根据云南省土地资源详查(以下简称"一调"),1996 年全省共有 1586401.82 hm² 水田[1],而 2009 年"二调"时全省水田面积为 1448148.90 hm²,从 1996 年"一调"到 2009 年"二调"的 13 年里,水田面积减少了 138252.92 hm²,净减少 8.71%。坝区优质耕地,尤其是水田的急剧减少给全省粮食安全带来了巨大的隐患。据统计,2000~2010 年全省各类建设占用耕地达 18 万 hm²,其中占用坝区良田好地的比例达 78%[2]。虽然所占耕地实现了占补平衡,但占优补劣、占坝补山的现象较为突出,耕地数量可以保证,但是质量却难以保障[3~4]。云南省坡度 8°~25°的缓坡土地约达 1800 万 hm²,约占全省国土面积的 47%,其中适宜开发成建设用地的约达 116 万 hm²①,开发潜力相当巨大。

因此,保护坝区优质耕地,推进"建设用地上山",不仅必要,而且可行,对于保障山区省份耕地保护目标的实现以及粮食安全和边疆社会稳定具有重要意义。本文结合云南省 2011 年以来确立的"建设用地上山"(或称"城镇上山")战略,探讨云南坝区耕地保护的基本对策,旨在进一步深化对保护坝区耕地、建设山地城镇的认识,推进保护坝区耕地和"建设用地上山"战略的科学实施。

2 认真贯彻落实"建设用地上山"战略,切实树立保护坝区耕地的理念

山多坝少的地理特征,决定了云南省保护耕地与满足建设用地需求这对矛盾将长期存在,并随着云南省经济建设脚步的加快而进一步突出。"十二五"乃至未来 10~20 年,将是云南省城镇化、工业化发展更加快速的时期,城乡建设用地需求不断增加,坝区耕地被占用量必将逐年增加,经济发展与坝区耕地资源保护的矛盾越来越突出。据统计,目前全省坝区优质耕地已被建设占用 30% 左右,且呈加速发展趋势,已危及云南长远发展特别是粮食安全。如再不转变这种建设用地扩张模式,那么不远的将来,坝区的优质耕地将消耗殆尽。

面对这一严峻态势,2011 年 1 月 30 日召开的云南省政府第 52 次常务会议提出,要调整和完善城镇化发展的指导思想,走出一条具有云南特色的城镇化发展道路。会议指出,云南省山区多、坝区少,又处于城镇化和工业化加速发展的阶段,必须以对历史高度负责的态度,切实抓好基本农田保护工作;要进一步调整城市规划指导思想,多用坡地、荒地搞建设,用"山水田园一幅画,城镇村落一体化"的思想来规划布局城镇建设,创造山水城市、田园城市、山地城市等城镇建设新模式[5]。

为了落实省政府第 52 次常务会议精神,2011 年 3~4 月,云南省政府组成 8 个专题调研组,分赴近 40 个典型县(市、区)调研,充分证实了保护坝区耕地、建设用地上山的条件已

---

① 和自兴,保护坝区农田建设山地城镇专题讲稿,云南省委党校,2012 年 3 月 31 日。

经非常成熟，各级干部及群众对保护坝区耕地的愿望都非常强烈[6]。紧接着，省政府又于2011年5月11日召开转变城乡建设用地方式座谈会，要求今后云南城镇建设将尽量"上山上坡"。在城乡建设过程中，凡是可以上山的项目尽量上山，多用山坡地、荒山荒坡地，保护坝子，走新型城镇化建设的道路。"城镇朝着山坡走，良田留给子孙耕"，将作为今后转变城镇建设用地方式、加强耕地保护、促进城镇化科学发展的主要思路和目标。之后，云南省人民政府于2011年8月31日正式印发《云南省人民政府关于加强耕地保护　促进城镇化科学发展的意见》（云政发〔2011〕185号），充分肯定了加强耕地保护和促进城镇化科学发展的重要意义，并提出了加强耕地保护和促进城镇化科学发展的总体要求、工作重点以及政策措施。

2011年9月5日，云南省委和省政府在大理召开了高规格的"全省保护坝区农田建设山地城镇工作会议"，会议专题部署了坝区农田保护和山地城镇建设，提炼出"16字"方针——"守住红线、统筹城乡、城镇上山、农民进城"，促进"山水田园一幅画，城镇村落一体化，城镇朝着山坡走，良田留给子孙耕"，为建设用地上山定下基调[7]。同时，云南省被国土资源部列为全国低丘缓坡土地综合开发利用试点的首批5省（市）之一。

至此，云南省的"建设用地上山"战略正式得以确立。

"建设用地上山"战略最主要的作用与意义在于保护坝区优质耕地，确保粮食安全和农产品有效供给，保障边疆农村社会稳定。城乡建设向山地发展是云南客观的自然地理条件所决定的，是遏制坝区优质耕地被蚕食的要求，也是改变粗放型土地利用模式的要求。《云南省人民政府关于加强耕地保护　促进城镇化科学发展的若干意见》明确规定，将坝区现有优质耕地的80%以上划为永久基本农田，实行特殊保护；并按照建设山地、山水、田园型城镇的要求，进行城镇和乡村规划，确定发展界线。这表明，通过实施"建设用地上山"战略，全省绝大部分宝贵的坝区耕地将得到永久性保护，坝区优美的田园风光将得以保存和延续，从而使基本农田保护目标落实了实处，有效地保障了省域粮食安全和农产品有效供给，并为子孙后代留下宝贵的资源财产。另外，通过"建设用地上山"，创新城镇化发展思路，推动云南城镇化科学健康发展。引导"建设用地上山"，发展山地城镇，将有助于保持和发展云南少数民族文化特色，延续传统城镇、村寨的建筑风貌，比在坝区"摊大饼"式的发展方式更好、更切合实际[3]。此外，探索出一条符合云南实际的集约化和科学化用地之路，实施城镇和工业用地向山地发展，既减少了耕地占用，也远离了坝区密集的农田、村庄，有利于化解和减少以往坝区过多地征地所引发的农民与地方政府、企业之间的矛盾和冲突，有效地维护了农民利益，保持边疆农村社会的稳定。

保护坝区农田、实施"建设用地上山"战略是云南省贯彻落实国家"三个最严格"土地管理制度而做出的重大决定，是化解耕地保护与建设用地需求矛盾、破解保护资源与保障发展"两难"困局、促进保经济发展和保耕地红线"双保"工程的伟大创举，将对云南省社会经济发展产生巨大影响，同时也在山区土地资源合理开发利用方面为其他省份提供借鉴[8]。

为了切实、有效地保护坝区耕地资源，保护祖先留给我们的美丽的坝区田园景观，推进"美丽云南"的建设，需要认真贯彻落实"建设用地上山"战略，切实树立保护坝区耕地的理念，积极引导"城镇上山"和工业项目上山，推动城镇向山坡、丘陵地发展，多利用荒山荒坡搞建设，少占或不占坝区优质农田，努力实现"城镇朝着山坡走，良田留给子孙耕"的目标。

8 科学编制和严格实施坝区耕地保护型土地利用总体规划，规范和约束各用地部门和单位对坝区耕地的利用与保护行为

土地利用总体规划已被誉为土地资源开发利用、保护和管理的龙头，它具有综合性、地域性、战略性、权威性、强制性、整体控制性等特点。作为从时空上分配土地资源和合理利用土地的重要工具，土地利用总体规划对区域土地利用起着控制、协调、组织、监督等诸多作用[9]。没有科学的规划，土地利用将是盲目的、无序的、混乱的，不仅会造成土地资源的浪费和破坏，还将引发一系列的生态、经济和社会问题，使"人口－资源－环境－经济"系统失调，直接危及国家和区域的粮食安全、生态安全、经济安全、社会和政治安全。许多发达国家和地区往往通过编制土地利用规划，划定土地用途区，确定土地使用限制条件，达到控制和指导土地利用的目的。近10多年来，我国在土地利用管理上，借鉴市场经济国家通行的土地用途管制方法，通过编制五级制（国家级、省级、州市级、县级和乡镇级）的土地利用总体规划，规定土地用途，以控制和引导全社会合理利用土地，对于保护耕地（特别是基本农田）、控制建设用地盲目扩张、推进土地节约与集约利用发挥了重要作用。

与全国同步，自2005年以来，云南省各级土地利用总体规划修编工作开始起步，经过近5年的努力，各级土地利用总体规划修编均已圆满完成，州市级和县级土地利用总体规划于2010年11~12月由云南省人民政府批准实施，乡（镇）级土地利用总体规划（2006~2020年）则由州市级人民政府批准实施。

在2011年云南省确立了保护坝区耕地、实施"建设用地上山"战略的新形势下，根据云南省人民政府第52次常务会议精神和《云南省人民政府关于加强耕地保护促进城镇化科学发展的若干意见》（云政发〔2011〕185号）的规定，按照调整完善城乡发展思路、严格保护坝区耕地的要求，云南省政府决定对全省10平方千米以上坝子涉及的县乡土地利用总体规划（2006~2020年）和部分重点地区进行调整完善。云南省政府规定，通过完善规划，将坝区80%以上的现有优质耕地和山区连片面积较大的优质耕地划为永久基本农田，实行特殊保护。这一土地利用规划属于"坝区耕地保护型土地利用总体规划"或称为"建设用地上山（或城镇上山）型土地利用总体规划"。为此，云南省国土资源厅于2011年6~9月先后制定了《云南省调整完善城乡发展思路　加强坝区耕地保护　完善县乡土地利用总体规划（2006~2020年）试点工作方案》《云南省加强耕地保护　促进城镇化科学发展　完善土地利用总体规划（2006~2020年）实施方案》和《云南省完善县乡级土地利用总体规划技术指南（试行稿）》，并确定了10个县（市）为土地利用总体规划完善的试点。在试点基础上，全面开展了全省市县乡级土地利用总体规划完善工作，到2011年12月基本结束。

与此同时，《云南省人民政府关于加强耕地保护　促进城镇化科学发展的若干意见》要求发挥规划的引导和调控作用，按照加强坝区优质耕地保护、节约集约用地和城乡建设向山地发

展的要求，在调整完善土地利用总体规划（2006～2020 年）的同时，对林地保护利用规划（2011～2020 年）进行调整完善，并制定城镇近期建设规划；要求各地政府成立耕地保护和城镇化科学发展协调领导小组，在职能部门牵头按照规范和程序调整完善和制定 3 个规划（即土地利用总体规划、林地保护利用规划和城镇近期建设规划）后，联合审核把关，依法审批。于是，云南省从 2 月初开始，创造性地开展"三规"衔接与联合审查工作。通过对"三规"的调整完善和相互间的有效衔接，一是使《土地利用总体规划》确定的城镇建设用地发展空间和建设用地规模边界与《城镇近期建设规划》的用地布局和规模边界相衔接；二是使《完善土地利用总体规划》确定的规划林地和林业用地区与《林地保护利用规划》划定的林地保护区相衔接；三是《土地利用总体规划》和《城镇近期建设规划》确定的"城镇上山"区域与《林地保护利用规划》确定的林地保护利用区域相衔接。也就是说，通过本次三个规划的衔接，进一步调整完善了土地利用总体规划、城镇近期建设规划和林地保护利用规划，实现了三个规划发展方向上相互一致和空间布局上相互衔接，尤其是使得基本农田保护区界线、林地保护界线和城镇近期建设用地规模界线得以协调和统一，进一步优化了土地利用空间布局，加强了坝区耕地保护，有力推进了"城镇上山"工作科学和谐发展。

各县（市）完善土地利用总体规划（2010～2020 年）和"三规"衔接成果已于 2012 年 8 月由云南省政府批准实施。新批准的完善土地利用总体规划（2010～2020 年）作为云南省实施"城镇上山"战略形势下的坝区耕地保护型土地利用总体规划，规定了坝区耕地保护目标、坝区土地用途管制分区和管制规则，从根本上规范和约束了各用地部门和单位对坝区耕地的利用与保护行为，为保护坝区优质耕地资源绘制了宏伟蓝图。

未来各地土地利用总体规划的修改、修编都将以《云南省人民政府关于加强耕地保护促进城镇化科学发展的若干意见》和省政府新批准的完善土地利用总体规划（2010～2020 年）为依据，切实按照"城镇朝着山坡走，良田留给子孙耕"的目标，加大坝区优质耕地特殊保护力度，实施差别化的土地政策，积极、合理地引导"城镇上山"和"工业项目上山"，推动城镇山地化、工业坡地化。

划定坝区永久基本农田保护区，确保坝区 80% 以上耕地得到永久性保护

《云南省人民政府关于加强耕地保护　促进城镇化科学发展的若干意见》明确规定："进一步落实基本农田保护责任制，强化坝区耕地保护，原则上将坝区 80% 以上的现有优质耕地和山区连片面积较大的优质耕地划为永久基本农田，实行特殊保护。"为了严格贯彻执行省政府的这一规定，云南省国土资源厅 2011 年 9 月制定的《云南省完善县乡级土地利用总体规划技术指南（试行稿）》确定的县级完善土地利用总体规划的首个约束性指标就是"坝区耕地划入基本农田比例"必须达到 80% 以上。在对全省各县（市）完善土地利用总体规划（2010～2020 年）以及"三规"衔接成果进行省级联合审查时，《云南省人民政府办公厅关于印发云南省城镇上山三个规划调整完善审查工作方案的通知》（云政办发〔2012〕2 号）亦明确将

"坝区耕地划入基本农田的比例＞80%"作为指令性指标。也就是说，凡是坝区耕地划入基本农田比例＜80%的县，其完善土地利用总体规划将得不到省政府批准。

通过严格实施《云南省人民政府关于加强耕地保护 促进城镇化科学发展的若干意见》和《云南省人民政府办公厅关于印发云南省城镇上山三个规划调整完善审查工作方案的通知》，全省县乡级完善土地利用总体规划（2010～2020 年）在保护坝区耕地、推进"建设用地上山"战略中取得了宝贵的重大成果。据统计，通过完善土地利用总体规划，全省新划定坝区基本农田 21.15 万 hm^2，坝区耕地中基本农田面积由调整完善前的 89.79 万 hm^2 增加到 110.94 万 hm^2，坝区耕地保护率由调整完善前的 66.27% 提高到 81.88%；从坝区调出建设用地 1.79 万 hm^2，山区新增加建设用地 4.76 万 $hm^{2[10]}$，为云南省经济社会发展提供了有力的用地保障。

同时，《云南省人民政府关于加强耕地保护 促进城镇化科学发展的若干意见》还要求："建立基本农田保护的重点区、集中区，健全永久基本农田有关图表册、基本农田数据库，设立统一标识牌并落实到地块。"为此，在圆满完成县乡级完善土地利用总体规划（2010～2020年）之后，云南省国土资源厅又按照国家的规定和要求，及时启动了云南省基本农田划定工作，明确要求各县（市）划定坝区永久基本农田保护区，确保坝区 80% 以上耕地得到永久性保护。

按"Baidu 知道"（http：//zhidao. baidu. com）的解释，永久性基本农田是指为确保土地资源可持续利用和经济社会可持续发展，根据土地管理法律法规，在土地利用总体规划中确定不得占用的具有较高或潜在生产能力的农用地。划定永久性基本农田，是贯彻国家土地基本国策和土地管理法律法规、落实土地利用总体规划、加强耕地保护的重要措施，是确保基本农田保护面积和质量的重要手段，对于优化农用地利用结构和布局、严格耕地保护和集约节约用地制度、促进经济发展方式和资源利用方式的转变具有十分重要的意义。因此，永久性基本农田的划定问题深受中共中央的高度重视。2008 年 10 月 12 日中共十七届三中全会通过的《中共中央关于推进农村改革发展若干重大问题的决定》指出："划定永久性基本农田，建立保护补偿机制，确保基本农田总量不减少、用途不改变、质量有提高。"[11] 之后，国土资源部和农业部于 2009 年 12 月 2 日发出了《国土资源部、农业部关于划定基本农田实行永久保护的通知》（国土资发〔2009〕167 号），部署开展永久性基本农田划定工作，按照"依法依规、确保数量、提升质量、落地到户"的要求，根据新一轮土地利用总体规划确定的基本农田保护目标，科学地划定永久性基本农田，全面提升基本农田保护水平，切实提高基本农田的区位稳定程度、集中连片程度、落地到户程度和信息化程度，努力实现基本农田保护与建设并重、数量与质量并重、生产功能与生态功能并重，将基本农田保护工作提升到全新水平[12]。2010 年 12 月 30 日，国土资源部和农业部又发出《国土资源部、农业部关于加强和完善永久性基本农田划定有关工作的通知》（国土资发〔2010〕218 号），要求各地充分应用全国第二次土地调查成果，以县乡级土地利用总体规划修编为契机，全面把握并衔接好基本农田落地到户、上图入库、成果验收和报备等关键环节，切实加强和完善永久性基本农田划定工作[13]。

当前，云南各地正在积极按照《国土资源部、农业部关于划定基本农田实行永久保护的通知》（国土资发〔2009〕167 号）、《国土资源部、农业部关于加强和完善永久基本农田划定有关工作的通知》（国土资发〔2010〕218 号）的要求及《TD/T 1032 - 2011 基本农田划定技术规程》的相关要求，结合云南省坝区耕地和实施"城镇上山"战略的实际，认真落实基本农田地块（尤其是坝区基本农田地块），健全相关图表册，设立统一规范的基本农田保护牌和标识，落实保护责任，建立基本农田数据库，确保坝区 80% 以上耕地得到永久性保护。

划定坝区永久基本农田保护区，将使云南各地切实推进"城镇工业上山"和"优质农田下山"。将坝区八成以上的现有优质耕地和山区连片面积较大的优质耕地划为永久基本农田之举，得到了各地基层干部群众的赞誉："城镇上山，田地平安，农民心安！"

5 加大坝区高标准基本农田建设力度，进一步提升坝区耕地资源的农业综合生产能力

在耕地资源保护中，应当保护两个基本方面：一是耕地数量，二是耕地质量。对于云南坝区耕地保护亦同理，首先要保护坝区耕地数量，同时也要注重坝区耕地质量的维护和提高。落实"建设用地上山"战略，树立保护坝区耕地的理念、编制坝区耕地保护型土地利用总体规划以及划定坝区永久基本农田保护区均为保护坝区耕地数量的基本举措，其目的在于确保坝区80% 以上耕地得到永久性保护。在此基础上，还需要高度重视坝区耕地质量的维护和提高，进一步提升坝区耕地资源的农业综合生产能力，有力地保障粮食安全和农产品有效供给。

坝区耕地质量维护和提高的基本途径是大力开展坝区高标准基本农田建设。

高标准基本农田建设属于农村土地整治的范畴。按照国土资源部 2012 年 6 月 20 日发布的《TD/T 1033 - 2012 高标准基本农田建设标准》[14]，高标准基本农田（well-facilitied capital farmland）是指一定时期内，通过农村土地整治形成的集中连片、设施配套、高产稳产、生态良好、抗灾能力强、与现代农业生产和经营方式相适应的基本农田，包括经过整治后达到标准的原有基本农田和新划定的基本农田。高标准基本农田建设（well-facilitied capital farmland construction），是以建设高标准基本农田为目标，依据土地利用总体规划和土地整治规划，在农村土地整治重点区域及重大工程建设区域、基本农田保护区、基本农田整备区等开展的土地整治活动。国务院 2012 年 3 月批准实施的《全国土地整治规划（2011 ~ 2015 年）》确定，在"十二五"期间，全国共计建设高标准基本农田 2666.67 万 hm^2（即 4 亿亩），并将高标准基本农田建设指标分解下达到各省（市、自治区），其中下达给云南省 2011 ~ 2015 年的高标准基本农田建设指标为 85.80 万 hm^2（约束性指标）。

为了推进土地整治（尤其是坝区高标准基本农田建设），自 2012 年下半年以来，云南省切实按照《国土资源部、财政部关于加快编制和实施土地整治规划 大力推进高标准基本农田建设的通知》（国土资发〔2012〕63 号）的要求，充分认识编制和实施土地整治规划、大力推进高标准基本农田建设的重要意义，有力地推进各级土地整治规划编制。为了具体落实国家下达给云南省的 85.80 万 hm^2 高标准基本农田建设指标，云南省国土资源厅于 2012 年 10 月发布《云南省国土资源厅关于分解下达全省土地整治规划各项规划指标的通知》（云国土资规〔2012〕184 号），将土地整治规划的各项规划指标分解下达到各州（市），其中"高标准基本

农田建设规模"被列为第一项约束性指标,在全省 16 个州(市)逐一明确落实。

《市(地)级土地整治规划编制规程》(TD/T1034 – 2013)和《县级土地整治规划编制规程》(TD/T1035 – 2013)从 2013 年 2 月起开始在全国实施,云南省加快了州(市)级和县级土地整治规划编制的步伐,严格按照省级下达的高标准基本农田建设规模各项指标,确定土地整治重点区域和重点项目(尤其是坝区高标准基本农田建设项目),到 2013 年 4 月上旬,基本完成了全省 16 个州(市)和 129 个县(市、区)土地整治规划的编制任务。

在确定土地整治重点区域和重点项目时,各州(市)均以高标准基本农田建设规模和补充耕地两个约束性指标为基本指针,科学、合理地划定了土地整治重点区域,确定了以高标准基本农田建设项目和补充耕地项目为核心的土地整治重点项目。州(市)级高标准基本农田建设重点项目和县级高标准基本农田建设项目,大多集中于坝区永久基本农田保护区,从而使坝区高标准基本农田建设落到了实处。

随着 16 个州(市)和 129 个县(市、区)土地整治规划的实施,一批高标准基本农田建设项目将逐年展开,使坝区高标准基本农田建设力度日益加大,到"十二五"末期,云南省将建成高标准基本农田 85.80 万 hm^2 以上,其中大部分处于坝区,坝区耕地资源的农业综合生产能力将得到进一步提升,更有力地保障云南省域粮食安全和农产品有效供给。

参考文献

[1] 云南省土地管理局、云南省土地利用现状调查领导小组办公室:《云南土地资源》[M],昆明:云南科技出版社,2000,第 1 ~ 396 页。

[2] 李倩:《不论平地与山尖 无限风光尽被占——云南省调整城乡建设用地方式发展山地城市的实践》[J],《中国土地》2011 年第 8 期,第 8 ~ 11 页。

[3] 李自良:《用地上山 云南力推土地新政——专访云南省委书记秦光荣》[J],《半月谈》2011 年第 19 期,第 31 ~ 35 页。

[4] 李倩:《向山地进军——访云南省国土资源厅厅长和自兴》[J],《中国土地》2011 年第 8 期,第 12 ~ 14 页。

[5] 谢炜:《促进我省房地产市场健康稳定发展》[N],《云南日报》2011 年 1 月 31 日第 1 版。

[6] 秦光荣:《走出一条符合实际的城镇化之路——关于云南保护坝区农田、建设山地城镇的调查与思考》[N],《光明日报》2011 年 11 月 15 日第 3 版。

[7] 赵希、唐薇:《解读云南"用地上山"路线图》[N],《春城晚报》2011 年 11 月 8 日(A08 ~ 09)。

[8] 费燕、杨子生:《云南"建设用地上山"战略实施现状、问题及对策》[A],见杨子生主编《中国土地开发整治与建设用地上山研究》[C],北京:社会科学文献出版社,2014。

[9] 吴次芳主编《土地利用规划》[M],北京:地质出版社,2000。

[10] 尹朝平、谭晶纯:《用地"上山"破解"两难"——云南创新探索土地保护与发展共赢之路》[N],《云南日报》2012 年 9 月 11 日第 4 版。

[11] 中共中央:《中共中央关于推进农村改革发展若干重大问题的决定》[N],《人民日报》2008 年 10 月 20 日第 1 ~ 2 版。

[12] 国土资源部、农业部:《国土资源部农业部、关于划定基本农田实行永久保护的通知》[EB/OL],

国土资发〔2009〕167 号，http：//www. mlr. gov. cn，2009 - 12 - 02。

［13］国土资源部、农业部：《国土资源部、农业部关于加强和完善永久基本农田划定有关工作的通知》

［EB/OL］，国土资发〔2010〕218 号，http：//www. caein. com，2010 - 12 - 30。

［14］国土资源部：《 TD/T 1033 - 2012 高标准基本农田建设标准》［S］，北京：中国标准出版社，2012。

Study on the Countermeasures of Farmland Protection in Flatland Areas of Yunnan Province

Yang Zi-sheng

（Institute of Land & Resources and Sustainable Development, Yunnan University of Finance and Economics, Kunming 650221, China ）

Abstract：Yunnan is the most typical mountainous province in the west China, plains (flatland region) accounted for only 6.40% of the total land area. Currently, changing the unreasonable construction land expansion mode, reducing constructions on the flatland area with high quality cultivated land and promoting reasonable construction layout to the suitable ramp become an extremely important development strategy in Yunnan Province. Based on the current implementation situation of the strategy of "building urban and industrial projects on mountainland" established in 2011, this paper has explored and put forward four basic countermeasures to protect farmland in flatland area of Yunnan, namely：① to seriously implement the strategy of "building urban and industrial projects on mountainland", feasibly setting up the concept of protecting cultivated land in flatland area; ② to compile scientifically and implement strictly kinds of general land use planning which protecting cultivated land in flatland area, normalizing and regulating different departments user's behavior of cultivated land utilization and protection in flatland area; ③ to delimit permanent basic farmland conservation area in flatland area, ensuring that more than 80% of the cultivated land in flatland area be permanently protected; ④ to strengthen the construction dynamics to well-facilitied capital farmland, further improving agricultural comprehensive productivity of the cultivated land resources in flatland area. This study means much significance as to further deepen the understanding of protecting cultivated land in flatland area and constructing mountain cities, scientifically promoting the strategy implementation of protecting cultivated land in flatland area and "building urban and industrial projects on mountainland".

Keywords：Flatland area; Farmland protection; The strategy of building urban and industrial projects on mountainland; General land use planning; Yunnan Province

试论低丘缓坡土地的概念*

杨子生

（云南财经大学国土资源与持续发展研究所，昆明 650221）

摘　要　近年来，我国逐步深入地开展了低丘缓坡土地综合开发利用的试点，但到目前为止，国内对"低丘缓坡土地"的概念尚无统一的定义，各地国土资源部门和科技人员对"低丘缓坡土地"的含义有着不同的理解，这不利于我国低丘缓坡土地综合开发利用战略的实施。本文在阐述"低丘缓坡土地"概念提出的背景和我国现有"低丘缓坡土地"的代表性概念基础上，探讨了低丘缓坡土地概念的 3 个关键问题，即"低丘"中"低"的含义和标准问题，"缓坡"中"缓"的含义和标准问题，以及"低丘缓坡土地"中"土地"包含的类别和范畴问题；进而提出了"低丘缓坡土地"的定义，即"起伏高度一般 <200 米、坡度一般在 6°~25°之间的土地"，并深入地剖析了低丘缓坡土地概念的基本内涵。

关键词　低丘　缓坡　低丘缓坡土地

1　"低丘缓坡土地"概念提出的背景

2011 年初以来，全国不断地传出供地指标告急的消息，各地普遍反映新增建设用地指标短缺，保障经济发展和保护土地资源的"两难"局面和"双重"压力日益突出。在此严峻形

---

*　基金项目：国家自然科学基金资助项目（41261018）。

作者简介：杨子生（1964~），男，白族，云南大理人，教授，博士后，所长。主要从事土地资源与土地利用、土壤侵蚀与水土保持、国土生态安全与区域可持续发展等领域的研究工作。电话：0871 - 5023648（兼传真）；手机：13888964270；E - mail：yangzisheng@126.com；地址：昆明市龙泉路 237 号云南财经大学国土资源与持续发展研究所；邮编：650221。

势下，国土资源部决定以"建设用地上山"开路，在全国部分省（市、区）先行试点，开展低丘缓坡土地综合开发利用[1]。2011 年 9 月，国土资源部出台了《低丘缓坡荒滩等未利用土地开发利用试点工作指导意见》，确定了云南、浙江、江西、湖北、重庆、贵州等省（市）为试点省。

在云南，2011 年 1 月召开的云南省政府第 52 次常务会议上，提出"要进一步调整城市规划指导思想，多用坡地、荒地搞建设，用'山水田园一幅画，城镇村落一体化'的思想来规划布局城镇建设，创造山水城市、田园城市、山地城市等城镇建设新模式"。经过半年多的酝酿，云南省人民政府于 2011 年 8 月 30 日出台了《云南省人民政府关于加强耕地保护　促进城镇化科学发展的若干意见》（云政发〔2011〕185 号），规定将坝区现有优质耕地的 80% 以上划为永久基本农田，并对工业项目上山和城镇建设上山有了细化指导。2011 年 9 月 5 日，云南省委省政府在大理召开了高规格的"全省保护坝区农田建设山地城镇工作会议"，专题部署了坝区农田保护和山地城镇建设，提炼出 16 字方针"守住红线、统筹城乡、城镇上山、农民进城"，促进"山水田园一幅画，城镇村落一体化，城镇朝着山坡，良田留给子孙耕"，为建设用地上山定下了基调[2]。与此同时，2011 年 7 ~ 12 月在全省部署开展了坝区耕地保护与"建设用地上山"型的各级土地利用总体规划完善工作。2012 年，云南省低丘缓坡土地综合开发利用试点工作方案已获国土资源部批准，低丘缓坡土地综合开发利用试点地区用地审批工作正在有序推进，部分试点项目区块已经初具规模[3]。

而在浙江，低丘缓坡土地综合开发利用早在 2005 年就开始进行。为缓解该省土地供需紧张的矛盾，实现全省耕地占补平衡，浙江省政府于 2005 年 8 月 15 日发出《浙江省人民政府关于推进低丘缓坡综合开发利用工作的通知》（浙政发〔2006〕20 号），要求加强低丘缓坡综合开发利用工作。2008 年 12 月 1 日又发出《浙江省人民政府办公厅关于进一步做好低丘缓坡综合开发利用工作的通知》（浙政办发〔2008〕84 号），明确提出各地在修编新一轮土地利用总体规划过程中，要充分考虑并体现本地区低丘缓坡综合开发利用的实际需要。同时，编制了《浙江省低丘缓坡重点区块开发规划（2010 ~ 2020 年）》（包括 52 个建设用地重点区块，规模为 2.09 万 hm^2），各级部门与地方配合，细化地方区域地块开发规划与建设要求[4]。

福建也是较早开展低丘缓坡土地综合开发利用的省份。目前，福建龙岩的"引工业上山，建梯田工厂"等低丘缓坡开发行动取得了较好的成效[5]。

然而，到目前为止，我国对"低丘缓坡土地"的概念尚无统一的定义，各地国土资源部门和科技人员对"低丘缓坡土地"的含义有着不同的理解，这不利于我国低丘缓坡土地综合开发利用战略的实施。随着全国低丘缓坡土地综合开发利用试点的逐步深入，很有必要对"低丘缓坡土地"的概念进行合理的界定和剖析。

2　我国现有"低丘缓坡土地"的代表性概念

在进行低丘缓坡土地综合开发利用的试点和实践中，由于各地自然条件和土地资源状况有很大差异，各地国土资源部门以及不同科技人员对"低丘缓坡土地"概念和内涵的理解和认识也有着一定的区别。至今为止，我国对"低丘缓坡土地"的代表性概念主要有以下几种。

（1）"百度百科"（http：//baike. baidu. com/view/9139929. htm）对"低丘缓坡"的解释是：低丘缓坡属于丘陵地形的一种小型形式。一般分布在海拔在 10 米以上、200 米以下，相对高度一般不超过 200 米，起伏不大，坡度较缓，地面崎岖不平，由连绵不断的低矮山丘组成的地形[6]。低丘缓坡一般没有明显的脉络，顶部浑圆，是山地久经侵蚀的产物。低丘缓坡广泛分布在我国东南沿海、浙闽交界的武夷山脉区域。

（2）较早开展低丘缓坡土地开发的浙江省使用的"低丘缓坡土地"概念：低丘缓坡土地在浙江省指的是"广大低山丘陵区集中连片分布的，坡度在 25°以下且面积大于 2 hm² 的缓坡地，主要包括荒草地、裸土地、废弃园地、低效林地等多种土地后备开发资源"[7~8]。

（3）王志清等（2011）认为，广义低丘缓坡是指海拔 300 米以下（包括丘陵和山地）、坡度在 5°~34°的山坡地；狭义低丘缓坡是指海拔低于 300 米的丘陵区坡度在 5°~14°的山坡地，两者分别扣除其中已有的建设用地、划入基本农田保护范围的土地、生态公益林用地、湿地水域面积、优质农产品的原产地保护面积和坡度在 25°以上的面积后，余下的面积即为广义或狭义可供建设用地面积[9]。

（4）宋梦意（2012）认为，低丘缓坡是一个综合性的概念，比较准确的定义应是：坡度在 5°~25°之间的丘陵，且相对高度在 200 米以下。而目前，低丘缓坡一般指低丘缓坡区，因此低丘缓坡应是广大集中连片分布的，坡度在 5°~25°之间的，相对高度在 200 米以下的丘陵地带，且面积大于 2 hm²，主要包括灌木林地、疏林地、未成林造林地、迹地、荒草地、裸土地、裸岩石砾地、滩地、苇地、沼泽地、废弃园地、低效林、其他未利用土地等后备土地资源[10]。

（5）云南省国土资源厅 2012 年 12 月正式出台的《云南省县级低丘缓坡土地综合开发利用专项规划编制技术指南（试行）》确定了低丘缓坡和低丘缓坡区块的定义。低丘缓坡是指"在云南省划定的坝区范围以外，主要坡度在 8°~25°之间的低丘山地"。低丘缓坡区块指"土地利用类型主要为未利用地、劣质耕地、低质低效林地，具备一定的交通条件，水源、电力有保障，适宜开发建设的低丘缓坡区域，区块面积不小于 50 hm²"。

而此之前的 2012 年 8 月，云南省国土资源厅出台的《云南省低丘缓坡土地综合开发利用试点项目实施方案编制技术要点（试行）》确定的"低丘缓坡项目区（区块）"的定义为："指在划定的坝区范围以外，主要坡度在 8°~25°之间的山地，地形以低丘缓坡为主，土地利用类型主要为未利用地、劣质耕地、低质低效林地，具备开发条件，水源、电力有保障，总体适宜作为近期拟开发建设用地的区域。项目区开发建设规模应在 50 hm² 以上"。

（6）庞宇（2012）在开展广西东兴市低丘缓坡土地综合开发利用潜力调查评价时所采用的低丘缓坡土地概念为"6°~25°的土地"[11]。其中，各类规划确定的禁止建设区、敏感区等限制区域（如生态公益林区、水源保护区、风景名胜区、自然保护区、水土保持区、地质灾害高易发区、重要矿产压覆区、基本农田保护区等）中的低丘缓坡图斑是不适宜开发利用的低丘缓坡土地。从地块规模看，考虑开发利用效益，将面积小于 20 hm² 的低丘缓坡地块归为不适宜开发利用土地范畴。

上述概念表明，我国不同研究者和各地国土资源部门对低丘缓坡土地概念的理解有所不同，内涵和外延有一定区别，但有一个共同的目标和方向，那就是低丘缓坡土地开发的基本目的和出发点在于保护平原、盆地等平地区域的优质耕地，向低山丘陵区拓展土地开发空间（尤其是建设用地空间），缓解保障经济发展与保护耕地资源之间的尖锐矛盾。

3 低丘缓坡土地的概念界定与基本内涵

3.1 低丘缓坡土地概念的几个关键问题

低丘缓坡是地貌学上的概念。按照地表形态的差异，我国的陆地地貌在习惯上划分为平原、丘陵、山地、高原和盆地五大地貌类型，本文的"低丘"即为"丘陵"内的一种类型。

按照"顾名思义"的原则去理解或解释，"低丘"也就是低矮的丘陵，相当于低矮的小山。"缓坡"，则可以理解为坡度不大的坡，也就是说坡不陡或者不太陡。综合起来，"低丘缓坡土地"在词义上可以理解为"低矮丘陵区坡度不陡的土地"，或者低矮且坡度不陡的丘陵地。但作为一个科学的概念，尚需要深究其中的几个关键问题："低丘"中的"低"是什么意思？其标准是什么？"缓坡"中的"缓"是何意？到底其标准是多少？"低丘缓坡土地"中的"土地"是仅指未利用地、低效土地，还是全部土地？

3.1.1 "低丘"中"低"的含义和标准问题

丘陵作为一个地理学名词，按"百度百科"的解释，丘陵为世界五大陆地基本地形之一，是指地球表面形态起伏和缓、绝对高度在500米以下、相对高度不超过200米、由各种岩类组成的坡面组合体[12]。按相对高度划分，200米以上为高丘陵，200米以下为低丘陵；按坡度划分，>25°称陡丘陵，<25°称缓丘陵。

有的文献指出，"丘陵是指海拔500米以下，有明显起伏、无明显脉络的地类，根据高程不同，又可分为海拔300米以下的低丘和300~500米的高丘。"[9]

可见，"低丘"中的"低"，其含义无疑是针对海拔高度而言的，只不过有的文献指绝对海拔高度，有的指相对高度，即地形的起伏高度。那么，"低丘"中的"低"应该指绝对海拔高度，还是指相对高度？

我国较早提出的地貌分类方案有二：一是周廷儒等[13]（1956），根据海拔高度、相对高度、构造特征以及蚀积特征和地貌特征，将我国地貌类型划分为平原（海拔多数<200米，相对高度50米）、盆地（盆心与盆周高差>500米以上）、高原（海拔>1000米，与附近低地高差>500米）、丘陵（海拔多数<500米，相对高度50~500米）、中山（海拔500~3000米，相对高度在500米以上）和高山（海拔>3000米）六大类型。这个方案可称为我国最早的现代地貌分类系统。二是沈玉昌等（1959）的分类方案[14]，是为配合中国地貌区划工作而进行的划分，该方案除划分出山地、平原、台地外，对山地类型以海拔高度500米、1000米、3000米和5000米为指标，划分了丘陵、低山、中山、高山和极高山，并进一步按切割深度

100米、500米和1000米划分了丘陵、浅切割山地、中等切割山地和深切割山地。这一方案在公布后的相当长一段时间内被广泛引用，也为今天山地基本地貌类型的划分奠定了基础。显然，上述"丘陵是指海拔500米以下"的提法无疑就是沈玉昌等人地貌分类方案的体现。

但李炳元等[15]（2008）指出，由于当时对全国地貌研究还不够深入，致使该地貌分类系统的山地高度分级及其划分指标难以全面反映我国地貌的特征。

就丘陵等地貌形态类型而言，不仅在东部低海拔地区有较多的较大面积连片分布，而且在青藏高原、云贵高原等全国地势一、二级阶梯内亦呈现一定的分布。因此，采用绝对高度指标来划分丘陵、山地等地貌类型并不很科学、合理，容易造成与人们观察山地时所固有的高低观念相冲突的现象。正如高玄彧（2004）指出，分布于我国地势的三个不同阶梯上的丘陵（或低山、中山、平原等）的绝对高度不同，但人们对于它们的高低观念却是相同的，很少有人会认为青藏高原上的丘陵比我国东部地区的丘陵在感觉上会高得多[16]。

鉴于此，中国科学院地理研究所（1987）主编的《中国1：1000000地貌图制图规范（试行）》[17]虽然仍沿用了沈玉昌等（1959）的方案，以1000米、3500米和5000米作为指标，把中国山地划分为低山、中山、高山和极高山四大类，但对平原、台地、丘陵则不论海拔高低均归属同一类，即丘陵在绝对海拔高度上可以分为4级——＜1000米、1000～3500米、3500～5000米和＞5000米。根据起伏高度，将丘陵分为低丘陵（起伏高度＜100米）和高丘陵（起伏高度在100～200米）2类。

李炳元等[15]（2008）将丘陵（起伏高度＜200米）按绝对海拔高度分为低海拔丘陵（＜1000米）、中海拔丘陵（1000～2000米）、高中海拔丘陵（2000～4000米）和高海拔丘陵（4000～6000米）4类。

上述分析表明，"低丘"中的"低"，其含义是针对起伏高度（即相对高差）而言的，具体的标准，按照《中国1：1000000地貌图制图规范（试行）》[17]，是指起伏高度＜100米。也就是说，低丘一般是指起伏高度＜100米的丘陵。这一指标在我国西部广大山区明显偏低。从目前云南一些地方申报的低丘缓坡土地综合开发利用项目（区块）来看，相对高差（起伏高度）明显超过了＜100米。在西部山区，许多地方地势高差较大，例如云南，不少坝子周边的低山丘陵、山前台地等可以归入"低丘缓坡土地开发项目"的山地丘陵区域，其高差往往突破了100米。因此，在低丘缓坡土地开发区域，需要坚持因地制宜，"起伏高度"指标应有一定的灵活性。按《中国1：1000000地貌图制图规范（试行）》[17]确定的起伏高度指标来划分，起伏高度＜100米为低丘陵，100～200米为高丘陵，200～500米为小起伏（低山、中山），500～1000米为中起伏（低山、中山、高山、极高山），1000～2500米为大起伏（中山、高山、极高山），＞2500米为极大起伏（中山、高山、极高山）（见表1）。从我国中西部山区实施低丘缓坡土地综合开发利用战略的实际需要来看，"低丘"中"低"的具体指标以《中国1：1000000地貌图制图规范（试行）》[17]中的"小起伏"低中山（200～500米）的下限——200米为宜。

也就是说，本文关于"低丘缓坡"中"低"的具体标准与宋梦意[10]（2012）论及的低丘缓坡概念相一致，即"相对高度在200米以下"。

表 1　中国地貌基本形态划分指标

起伏高度		<20～30 米	<100 米	100～200 米	200～500 米	500～1000 米	1000～2500 米	>2500 米
海拔高度	<1000 米	平原、台地	低丘陵	高丘陵	小起伏低山	中起伏低山		
	1000～3500 米				小起伏中山	中起伏中山	大起伏中山	极大起伏中山
	3500～5000 米				小起伏高山	中起伏高山	大起伏高山	极大起伏高山
	>5000 米				小起伏极高山	中起伏极高山	大起伏极高山	极大起伏极高山

资料来源：《中国1:1000000 地貌图制图规范（试行）》[17]（科学出版社，1987）。

3.1.2 "缓坡"中"缓"的含义和标准问题

"缓坡"中的"缓"，所针对的是坡度，反映的是坡度的大小问题。前文已指出，"缓坡"可以理解为坡度不大的坡，或者说坡不陡。也就是说，这里"缓"的基本含义是坡度不大或者坡不陡。那么，"坡度不大"或者"坡不陡"的标准是什么？综合有关文献，目前主要有以下 5 种观点。

（1）指 25°以下。例如，浙江学者刘卫东等[7]（2007）、郭戬[8]（2009）在其论文中均如此表述。

（2）指 5°～25°。例如，宋梦意[10]（2012）论及的低丘缓坡概念中，明确指出其坡度大小在 5°～25°之间。

（3）指 8°～25°。例如，云南省国土资源厅 2012 年出台的《云南省县级低丘缓坡土地综合开发利用专项规划编制技术指南（试行）》和《云南省县级低丘缓坡土地综合开发利用专项规划编制技术指南（试行）》所确定的低丘缓坡概念的坡度大小在 8°～25°之间。

（4）指 6°～25°。例如，庞宇（2012）在开展广西东兴市低丘缓坡土地综合开发利用潜力调查评价时所采用的低丘缓坡土地概念界定的坡度范围为 6°～25°[11]。

（5）指 5°～34°（广义）和 5°～14°（狭义）。王志清等（2011）指出，坡度等级分为 6 级：坡度<5°为平坡，5°～14°为缓坡，15°～24°为斜坡，25°～34°为陡坡，35°～44°为急坡，≥45°为险坡。广义低丘缓坡是指海拔 300 米以下、坡度在 5°～34°的山坡地，狭义低丘缓坡是指海拔低于 300 米的丘陵区坡度在 5°～14°的山坡地[9]。

上述分析表明，大部分观点认为，"缓坡"中的"缓"是指坡度在 25°以下。

从地理学角度看，坡度是丘陵和山地资源开发的重要限制因子。在山区（含丘陵），随着坡度增加，坡面物质的稳定性降低，使坡面水土流失加重。通常，当坡度>25°时，极易引起严重的水土流失，甚至容易发生崩塌、滑坡、泥石流等不利于人类生产与生活的地质灾害。因此，我国《水土保持法》第二十五条规定："禁止在二十五度以上陡坡地开垦种植农作物。"[18]

至于"缓坡"中"缓"的下限坡度值，宜与我国已开展的土地资源调查中所采用的坡度分级体系相对应，这便于应用全国土地利用现状调查成果开展低丘缓坡规划、开发实践和具体管理。全国农业区划委员会 1984 年制定的《土地利用现状调查技术规程》[19]和国土资源部 2007 年 7 月发布的《第二次全国土地调查技术规程》[20]（TD/T 1014－2007）均将耕地坡度等级分为5级：Ⅰ级：< 2°；Ⅱ级：2°～6°；Ⅲ级：6°～15°；Ⅳ级：15°～25°；Ⅴ级：> 25°（见表2）。这一坡度分级体系已应用了近30年，在土地利用规划、整治、保护和管理中成效显著。

表2 我国土地调查中的耕地坡度分级指标

耕地坡度等级	Ⅰ级	Ⅱ级	Ⅲ级	Ⅳ级	Ⅴ级
分级指标	< 2°	2°～6°	6°～15°	15°～25°	> 25°

资料来源：《土地利用现状调查技术规程》[19]和《第二次全国土地调查技术规程》[20]。

参照我国土地调查中的坡度分级体系，我们认为，"缓坡"中"缓"的下限坡度值以6°为宜。

云南省采用的下限坡度值为8°，这是由于长期以来云南划分坝区与山区的坡度界线一直为8°[21～23]。凡8°以下、连片面积在1平方千米以上的区域均划为坝区（平地区）[23]。为了推进低丘缓坡土地开发，实施"建设用地上山"战略，保护坝区优质耕地资源，2007～2009年开展的云南省第二次全国土地调查专门部署了各县（市、区）坝区土地资源和土地利用调查项目[23]，于2012年3月完成了全省129个县（市、区）1699个1平方千米以上（含）坝子的土地调查与核定任务，获得了宝贵的云南省坝区土地利用数据库，并应用于全省各地"建设用地上山"型土地利用总体规划修编中。因此，云南省将低丘缓坡土地的坡度范围确定在8°～25°之间，是符合云南实际情况的，这也将更好地保护山区省份十分有限的优质耕地。

3.1.3 "低丘缓坡土地"中"土地"包含的类别和范畴问题

目前，国内对"低丘缓坡土地"中的"土地"所包含的类别和范畴有着不同的理解。主要有以下4类。

（1）仅指未利用地。国土资源部2011年出台的《低丘缓坡荒滩等未利用土地开发利用试点工作指导意见》，提出的低丘缓坡土地开发主要是指未利用土地，是针对"荒山、荒坡、荒滩土地资源"而言的。

（2）包括未利用地和低效林地。浙江学者刘卫东等[7]（2007）、郭戬[8]（2009）在其论文中均指出，低丘缓坡土地"主要包括荒草地、裸土地、废弃园地、低效林地等多种土地后备开发资源"。宋梦意[10]（2012）认为，低丘缓坡土地"主要包括灌木林地、疏林地、未成林造林地、迹地、荒草地、裸土地、裸岩石砾地、滩地、苇地、沼泽地、废弃园地、低效林、其他未利用土地等后备土地资源"。

（3）未利用地、劣质耕地、低质低效林地。《云南省县级低丘缓坡土地综合开发利用专项规划编制技术指南（试行）》明确规定，低丘缓坡区块的"土地利用类型主要为未利用地、劣质耕地、低质低效林地"。

（4）指"低丘缓坡"范围内的全部土地。例如，王志清等[9]（2011）的低丘缓坡土地概念没有明确应包含哪些地类范畴。可以理解为是"低丘缓坡"范围内的全部土地。

上述4种观点各有其合理的一面。但从"综合开发利用"的角度出发，"低丘缓坡土地"

中的"土地"以包括"低丘缓坡"范围内的全部土地为宜。这是因为，按利用程度，土地可分为已利用地和未利用地 2 类，其中已利用地按用途又分为农用地和建设用地。通常而言，与开发条件较好的平原区和盆地区相比，丘陵和山地区"已利用地"的集约利用程度、利用效率和效益等大都不高，属于"低效地"的比例较大，因此，大部分已利用地普遍存在着进一步挖潜、需要开展"深度开发"的问题；至于"未利用地"的开发则属于"广度开发"的范畴。因此，低丘缓坡土地综合开发利用应当是"低丘缓坡"范围内全部土地的综合开发与利用，而不仅仅局限于目前普遍只开发具有发展建设用地潜力、能为工业项目和城镇村镇提供新用地拓展空间的那部分低丘缓坡地。

3.2 "低丘缓坡土地"概念的界定与基本内涵

通过以上分析，为了使我国低丘缓坡土地综合开发利用战略真正实现保护耕地、拓展建设用地空间、改善生态环境、促进土地资源可持续利用的基本目标，这里在参考和借鉴上述已有概念的基础上，试图将"低丘缓坡土地"定义为起伏高度一般在 200 米以下、坡度一般在 6°~25°之间的土地。这表明，低丘缓坡土地是基于地貌形态特征的一种土地概念，"低丘"和"缓坡"是这类土地的 2 个基本限定词（或定语）。这一概念至少包括以下 3 个基本内涵。

（1）"低丘"中的"低"是针对相对高差（即起伏高度）而言的，是指相对高差较小，在视觉上具有"低矮"之感。"低"的具体标准，在地貌形态划分中，一般是指相对高差低于 100 米。但由于自然界的复杂性和局部地方的复杂性，在某些地方进行低丘缓坡土地资源调查与综合开发利用规划时有可能适当突破 100 米之限，尤其在我国西部地区，地势高差往往较大，许多适合列入"低丘缓坡土地综合开发利用"范畴的山地丘陵区域，其相对高差常常高于 100 米，因此，本文关于"低丘"中"低"的具体标准建议为 200 米。

"低丘"中的"丘"，一般是指丘陵或者类似丘陵的地貌形态。但在上述定义中却没有出现"丘陵"二字，这是基于以下考虑：

一是在我国地貌形态类型划分中已经明确，起伏高度 < 100 米的属于低丘陵，起伏高度在 100~200 米的属于高丘陵[15,17]。因此，在定义中没有必要再出现"丘陵"二字。

二是由于我国幅员辽阔，各地的自然环境和地貌形态非常复杂，有些区域虽然与常规的丘陵形态特征不同，但符合低丘缓坡土地的基本地貌指标（即起伏高度一般 < 100 米、坡度一般在 6°~25°之间），这种情况下依然需要归入"低丘缓坡土地"进行综合开发利用。例如，我们 2011 年在滇西南的芒市、瑞丽等县（市）进行"建设用地上山"型的土地利用总体规划修编研究时，通过对坝子（盆地）周边缓坡地、台地的实地考察，发现这些地方地貌类型的大致分布规律是：坝子（平坦）- 山前台地、河流阶地、丘陵地 - 中山地。也就是说，能够开展"建设用地上山"的区域地貌形态大多是地形较缓的山前台地、河流阶地，真正意义上的丘陵很少。目前，这些地方开展的"建设用地上山"（低丘缓坡土地开发）项目也多为山前台地、河流阶地（当地在习惯上称为"二台地"）。

（2）"缓坡"中的"缓"则是指地形坡度不大，也就是坡不陡。"缓"的上限坡度值，以《水土保持法》规定的禁止开垦坡度值——25°为宜；而"缓"的下限坡度值，宜与《土地利用现状调查技术规程》[19]和《第二次全国土地调查技术规程》[20]确定的第Ⅱ坡度级的上限值——6°为宜。也就是说，"缓坡"所指的坡度范围为6°～25°。这一坡度范围包括了我国土地调查中的2个坡度级，即Ⅲ级（6°～15°）和Ⅳ级（15°～25°）。

此外，"缓坡"中的"坡"不宜理解为"坡地"，而应理解为"坡度"[10]。如果将"坡"理解为"坡地"，那么"缓坡"也就是指坡度不大的坡地，于是，极易出现这样一种"顾名思义"的解释：低丘缓坡＝低矮的丘陵＋平缓的坡地。这种解释有其不合理之处：一是丘陵与坡地并非并列关系。坡地是陆地地貌的主要组成部分，它又称斜坡面、坡面或坡地面，是倾斜角大于2°的倾斜地面。整个陆地表面的80%以上属于坡地，因此，丘陵实际上也属于坡地。宋梦意[10]（2012）作了阐述：丘陵一定是坡地，而坡地不一定是丘陵。二是在"低矮的丘陵"内也有可能存在着陡坡地，这与"低丘缓坡"的固有含义相矛盾，因此，不宜将"低丘"和"缓坡"并列起来进行解释。

（3）"低丘缓坡土地"中的"土地"包括"低丘缓坡"范围内的全部土地。这是从综合开发利用的角度提出的，就是说，低丘缓坡土地综合开发利用应当包括"低丘缓坡"范围内已利用地的"深度开发"和未利用地的"广度开发"两个基本方面。同时，开发利用的方向也应当是综合性的，做到各行业、各用地部门统筹兼顾、和谐发展，而不应仅仅局限于目前普遍只开发具有发展建设用地潜力、能为工业项目和城镇村镇提供新用地拓展空间的那部分低丘缓坡地。

此外，目前已有的"低丘缓坡土地"概念中，出于开发利用的需要，大都对低丘缓坡土地开发项目（区块）规模作了限定，而本文的上述"定义"并未做出区块规模的限定，这也是出于"低丘缓坡土地综合开发利用战略"的实际需要。目前，各地在开展低丘缓坡土地潜力调查和综合开发利用规划时，之所以对低丘缓坡土地开发项目（区块）规模作限定，主要是由于目前低丘缓坡土地开发普遍是为工业项目和城镇村镇提供新用地拓展空间，因而侧重于选择开发条件较好、连片面积达一定规模、能在近期内取得明显开发效益的低丘缓坡区域。至于连片面积不大（区块规模较小）的低丘缓坡地，因难以达到"见效快"的开发效果，尚难以得到地方政府的青睐。但是，从长期来看，低丘缓坡土地综合开发利用是一种土地利用战略，应当面向全部的低丘缓坡地，进行综合性的开发、利用、整治、保护和管理，使低丘缓坡土地资源充分发挥其固有的功能，有力地推进土地资源的可持续利用和经济社会的可持续发展。

参考文献

［1］陈文雅、邬琼：《供地指标告急 国土部"上山"开路》［N］，《经济观察报》2011年10月17日第39版。

［2］赵希、唐薇：《解读云南"用地上山"路线图》［N］，《春城晚报》2011年11月8日，A08～09版。

［3］尹朝平、谭晶纯：《用地"上山"破解"两难"——云南创新探索土地保护与发展共赢之路》［N］，《云南日报》2012年9月11日第4版。

［4］曹玉香：《低丘缓坡挑起工业用地大梁——浅析浙江省低丘缓坡开发利用情况》［J］，《中国土地》2011年第8期，第24～25页。

［5］吕洪荣：《引工业上山 建梯田工厂——福建省龙岩市利用低丘缓坡地发展工业的探索实践》［J］，

《中国土地》2011 年第 8 期，第 22～23 页。

[6] Baidu 百科：《低丘缓坡》［DB/OL］，http：//baike. baidu. com/view/9139929. htm。

[7] 刘卫东、严伟：《经济发达地区低丘缓坡土地资源合理开发利用——以浙江省永康市为例》［J］，《国土资源科技管理》2007 年第 24（3）期，第 1～5 页。

[8] 郭戬：《低丘缓坡综合开发利用的问题与对策——以丽水市为例》［J］，《小城镇建设》2009 年第 2 期，第 73～76 页。

[9] 王志清、林飞、苗国丽等：《宁波市低丘缓坡林地开发利用研究》［J］，《华东森林经理》2011 年第 25（2）期，第 6～10。

[10] 宋梦意：《我国低丘缓坡开发利用的法律问题研究》［J］，《成都行政学院学报》2012 年第 3 期，第 41～42 页。

[11] 庞宇：《低丘缓坡土地综合开发利用潜力调查与评价——以广西东兴市为例》［J］，《南方国土资源》2012 年第 9 期，第 21～24 页。

[12] Baidu 百科："丘陵"［DB/OL］，http：//baike. baidu. com/view/26041. htm。

[13] 周廷儒、施雅风、陈述彭：《中国地形区划草案》［A］，见中华地理志编辑部《中国自然区划草案》［C］，北京：科学出版社，1956，第 21～56 页。

[14] 沈玉昌主编《中国地貌区划（初稿）》［M］，北京：科学出版社，1959，第 24～29 页。

[15] 李炳元、潘保田、韩嘉福：《中国陆地基本地貌类型及其划分指标探讨》［J］，《第四纪研究》2008 年第 28（4）期，第 535～543 页。

[16] 高玄彧：《地貌基本形态的主客分类法》［J］，《山地学报》2004 年第 22（3）期，第 261～266 页。

[17] 中国科学院地理研究所主编《中国 1∶1000000 地貌图制图规范（试行）》［M］，北京：科学出版社，1987，第 1～44 页。

[18] 全国人民代表大会常务委员会：《中华人民共和国水土保持法》［L］，http：//www. gov. cn，2010 - 12 - 25。

[19] 全国农业区划委员会：《土地利用现状调查技术规程》［S］，北京：测绘出版社，1984，第 1～13 页。

[20] 中华人民共和国国土资源部：《中华人民共和国土地管理行业标准 TD/T1014 - 2007. 第二次全国土地调查技术规程》［S］，北京：中国标准出版社，2007，第 1～74 页。

[21] 《云南农业地理》编写组：《云南农业地理》［M］，昆明：云南人民出版社，1981，第 12～128 页。

[22] 云南省计划委员会：《云南国土资源》［M］，昆明：云南科技出版社，1990，第 121～125 页。

[23] 张耀武、余蕴祥、赵乔贵等：《云南省第二次土地调查实施细则（农村部分）》［M］，昆明：云南人民出版社，2007，第 1～141。

Discussion on Conception of Gentle Slope Land of Low Hills

Yang Zi-sheng

（Institute of Land & Resources and Sustainable Development, Yunnan University of Finance and Economics, Kunming 650221, China）

Abstract: In recent years, China has gradually, deeply carried out the pilots for comprehensively developing and utilizing the gentle slope land of low hills. But as to the concept of " gentle slope land of low hills", there is no unified definition in domestic so far, departments of land & resources management and related scientists in different areas have different understanding for the meaning of "gentle slope land of low hills", which is bad for the implementation of the strategy of comprehensively developing and utilizing gentle slope land of low hills in China. Based on the elaboration of the proposition background and the existed representative concept of "gentle slope land of low hills" in China, this article has probed into 3 key issues on the concept of "gentle slope land of low hills", namely: the meaning and standard of the word "low" from "the low hill", and that of "gentle" in "gentle slope", and the issue of "land" category and scope in the phrase of "gentle slope land of low hills". Then this study put forward the definition of "gentle slope land of low hills", namely "refers to the land with the relative relief height < 200m, and slope general between 6° and 25°", and deeply analyzed the basic connotation of the concept of "gentle slope land of low hills".

Keywords: Low hills; Gentle slope; Gentle slope land of low hills

中国西南山区建设用地适宜性评价研究

——以云南芒市为例*

杨子生　王　辉　张博胜

（云南财经大学国土资源与持续发展研究所，昆明 650221）

摘　要　本文针对中国西南山区城镇建设的特殊性，构建不同于平原地区的山区建设用地评价指标体系，采用"极限条件法"与"适宜性指数法"，通过确定单项评价因子指数和综合性适宜指数，并借助 GIS 技术分析、评定每一评价单元图斑的建设用地适宜性及其适宜等级。以云南芒市为例，对其主要坝区周边缓坡山地的适宜性评价结果表明，在评价区域内，宜建地和不宜建地分别占 81.11% 和 18.89%，一等宜建地、二等宜建地和三等宜建地的构成比例约为 12∶28∶60。本文建立的山区建设用地适宜性评价指标体系和评价方法适用于中国西南山区建设用地适宜性评价，可为中国西南山区推进坝区（平原区）耕地保护、促进城镇化科学发展的土地政策措施提供理论和技术支撑。

关键词　山区　建设用地　适宜性评价　山区建设用地综合适宜指数　西南山区

1 引言

中国正处于快速城市化的历史阶段，特别在经济发达地区，扩大城市用地面积、调整空间布局是每次土地利用总体规划调整、修编的核心任务[1]。近年来，建设用地的不断扩张与保

---

* 基金项目：国家自然科学基金资助项目（41261018）。

通讯作者：杨子生（1964～），男，白族，云南大理人，教授，博士后，所长。主要从事土地资源与土地利用、土壤侵蚀与水土保持、国土生态安全与区域可持续发展等领域的研究工作。电话：0871-5023648（兼传真）；手机：13888964270；E-mail：yangzisheng@126.com；地址：昆明市龙泉路 237 号云南财经大学国土资源与持续发展研究所；邮编：650221。

护耕地的矛盾越来越突出。因追求经济利益，建设占用耕地的现象日益严重。尽管国家实行了严格的"耕地占补平衡"政策，但是在实施过程中"占优补劣"的现象较为突出。把自然条件较好的耕地（尤其是基本农田）转化为建设用地，在开发难度、资金成本和人力耗费上都远低于其他类型土地的转化，在利益的驱使下就进一步导致守住"18亿亩耕地红线"的基本国策难以得到有效落实。因此，为了合理利用土地资源，在城市发展的同时创造良好的生态环境，对城市建设用地进行适宜性分析与评价已成为城市规划的一项基础性工作[2]。

土地资源稀缺已经成为制约我国社会经济发展的瓶颈之一[3]，这种现象在西南山区更为突出。面对有限的坝区优质耕地不断地被各种非农建设（尤其是城镇建设和工业化发展）大量占用的严峻形势，云南省政府在《云南省人民政府关于加强耕地保护 促进城镇化科学发展的若干意见》（云政发〔2011〕185号）中提出了一个很好的加强坝区耕地保护和促进城镇化科学发展的思路——人往宜居山坡移，田地留给子孙耕。云南省今后加强耕地保护和促进城镇化科学发展的主要思路为：继续完善土地利用总体规划和城乡建设规划，走山坝结合、组团式发展的路子，建设山地、山水、田园城镇，努力实现"山水田园一幅画，城镇村落一体化"的云南特色城镇化发展目标[4]。因此，本研究在保护坝区耕地、建设用地节约集约利用和实施山地城镇化战略的指引下，以云南省德宏州芒市为例，尝试开展中国西南山区建设用地适宜性评价，确定山区适宜建设用地的土地分布情况，探讨通过将城市空间向山地扩展、发展山地型城镇的措施解决城市拥挤和耕地保护问题的可行性，以期为中国西南山区加强坝区优质耕地保护、促进城镇化科学发展的土地政策措施提供理论和技术支撑。

2 研究方法

2.1 山区建设用地适宜性评价内容

山区建设用地适宜性评价是推进坝区耕地保护和"建设用地上山"战略、建设山地城镇的基础依据。早在1960年，国际上著名园林设计师麦克哈格教授就提出了土地生态适宜性评价[5]。山区建设用地适宜性评价是在调查分析自然环境与条件的基础上，根据用地的自然条件和人为影响，以及建设的要求进行全面综合的质量评价，以确定土地的适宜程度[6]。根据我国西南山区城市特点，本研究主要对城镇周边（或主要坝区周边）缓坡山地对城镇建设、工业建设等建设用途的适宜性进行评价。

西南山区建设用地适宜性评价的内容主要包括以下几点。

（1）山区建设用地适宜性评定。根据我国西南山区土地自身的条件，将山区建设用地适宜性分为适宜（宜建地）和不适宜（不宜建地）2类。在评价区域范围内，通过分析和评价，将每一地块（图斑）均评定为适宜（宜建地）或不适宜（不宜建地）。

（2）山区建设用地适宜程度分级（或分等）。在"适宜（宜建地）"范围之内，根据山区建设用地适宜程度的高低，将其分为3个等级，即高度适宜、中等适宜和低度适宜，分别对应着一等宜建地、二等宜建地和三等宜建地。

（3）不宜建土地的限制性分析。着重分析和确定出不宜建土地的限制性因子。按照实际，本项评价研究中，不宜建土地的限制性因子（评价的特殊因子）主要有3个：一是地形坡度，二是地质灾害，三是重要矿产压覆情况。

2.2 评价原则和评价指标体系构建

2.2.1 评价原则

进行土地适宜性评价，首先必须确定评价原则，这是评价的基础。参考和借鉴联合国粮农组织《土地评价纲要》《中国1:100万土地资源图》以及有关专家学者的意见，结合山区特征，我国西南山区建设用地适宜性评价应遵循以下原则。

（1）土地对建设（尤其是城镇建设、工业建设等）的适宜性及其适宜程度。

（2）因地制宜，充分考虑山区的特点。

（3）综合分析和主导因素相结合。

（4）土地利用的可持续性。

2.2.2 评价指标体系构建

与平原区建设用地适宜性评价不同，山区建设用地适宜性评价指标体系的确定要体现山区城镇自身的特点，并考虑资料的可获得性和指标的可量化性。结合山区建设用地适宜性评价的原则，这里构建了山区建设用地适宜性评价的指标体系（见表1）。

表1 我国西南山区城镇建设用地适宜性评价参评因子及其分级指标

参评因子	城镇建设用地适宜性分级指标			
	高度适宜 （一等宜建地）	中度适宜 （二等宜建地）	低度适宜 （三等宜建地）	不适宜 （不宜建土地）
1. 地形坡度	<6°	6°~15°	15°~25°	>25°
2. 岩性、土质、水文条件与地基承载力	岩层坚硬度高，地表主要为基岩、杂石，地下水位低，地基承载力高	岩层坚硬度较高，地表沉积物主要为黏土，地下水位较低，地基承载力中等	岩层坚硬度较低，地表沉积物主要为中砂、粗砂，地下水位偏高，地基承载力偏低	岩层松散，地表沉积物主要为细沙，地下水位高，地基承载力低
3. 地质灾害及其威胁程度	无地质灾害隐患点，未受地质灾害威胁	基本无地质灾害隐患点，受地质灾害威胁程度较低。即使有局部小型灾害隐患，也易于防治，对建设不构成影响	局部存在小型地质灾害隐患点，有一定程度的地质灾害威胁，但采取一定防治措施后，对建设基本不构成影响	存在较严重地质灾害隐患点，地质灾害威胁较大，防治难度较大
4. 地面工程量与建设成本	地形较平坦，起伏度低，地表破碎程度很低，建设的地面工程量较小，建设成本低	地形较平缓，起伏度不大，地表破碎程度较低，建设的地面工程量不大，建设成本中等	地形坡度偏大，起伏度偏大，地表破碎程度偏高，建设的地面工程量较大，建设成本较高	地形较陡，起伏度大，地表破碎程度高，建设的地面工程量很大，建设成本高
5. 矿产压覆状况	无矿产压覆	基本无矿产压覆	局部存在次要矿产压覆	存在重要矿产压覆

续表

参评因子	城镇建设用地适宜性分级指标			
	高度适宜 （一等宜建地）	中度适宜 （二等宜建地）	低度适宜 （三等宜建地）	不适宜 （不宜建土地）
6. 通风、照度等 气候条件	通风条件优越,照度件好	通风条件较为优越,照度条件较好	通风条件和照度条件一般	通风条件和照度条件较差
7. 供水、排水等 条件	有良好的水源保证,供水和排水等水文地质条件较优	有较好的水源保证,供水和排水等水文地质条件中等	有一定的水源保证,供水和排水等水文地质条件偏差	水源保证度较低,供水和排水等水文地质条件较差
8. 绿化的生境 条件	优越	较好	一般	较差
9. 交通条件	便利	较便利	一般	较差
10. 生态敏感性 与生态影响度	生态敏感性程度低,不会对生态环境造成影响或破坏	生态敏感性程度较低,可能会对生态环境造成一定的影响,但通过采取预防措施可以避免对生态环境的破坏	生态敏感性程度偏高,会对生态环境造成影响和破坏,需要采取相应的预防措施才能降低生态影响度,避免对生态环境的破坏	生态敏感性程度高,会对生态环境造成较大的影响,通过采取预防措施也难以避免对生态环境的破坏

2.3 评价的技术方法和具体步骤

2.3.1 评价的技术方法

土地适宜性评价实际上是将土地利用种类及其要求与表征每一评价单元（采用"二调"的地块——"现状土地利用图斑"作为评价单元）土地质量的各种土地属性（即上面选择的 10 种参评因子）相比较，并进行相互协调和相互适应的过程，即比配（Matching）。

利用 Arcgis 9.3 操作平台，对评价单元的土地质量各种属性与其用途要求相比较，采用"极限条件法"与"适宜性指数法"分析中国西南山区城镇每一评价单元图斑可用于建设的适宜性，并评出相应的适宜等级——高度适宜、中度适宜、低度适宜和不适宜。

2.3.2 评价的具体步骤

（1）运用"极限条件法"（即"一票否决"法），确定每一评价单元对建设用途的适宜与不适宜。

主要考虑 3 个特殊因子：①地形坡度≥25°；②地质灾害点及其影响区范围内；③重要矿产压覆。其中重要矿产资源是指 1998 年 2 月 12 日国务院令第 241 号《矿产资源开采登记管理办法》附录"国务院地质矿产主管部门审批发证矿种目录"所列的 34 个矿种［即煤、石油、油页岩、烃类天然气、二氧化碳气、煤成（层）气、地热、放射性矿产、金、银、铂、锰、铬、钴、铁、铜、铅、锌、铝、镍、钨、锡、锑、钼、稀土、磷、钾、硫、锶、金刚石、铌、钽、石棉、矿泉水］以及全省优势矿产、紧缺矿产。

因此界定凡是地形坡度≥25°，或者位于地质灾害点及其影响区范围内，或者压覆重要矿产的地块，均确定为不宜建地；反之，则视为宜建地。

（2）结合"极限条件法"和"适宜性指数法"（定量分等法），确定宜建地的适宜等级——高度适宜（一等宜建地）、中度适宜（二等宜建地）、低度适宜（三等宜建地）。首先，运用"极限条件法"确定一等宜建地。按照芒市政府规定，在"宜建地"内，凡是地形坡度≤6°的，均评定为一等宜建地。其次，运用"适宜性指数法"确定二等宜建地和三等宜建地。具体步骤如下：

第一步：确定单项评价因子指数

理论上，每个单项评价因子指数的取值范围为0～100。鉴于每个评价单元（图斑）的评价因子难以准确地量化，这里按照9个评价因子对应的高度适宜、中度适宜和低度适宜3个等级来进行赋值（见表2）。

表2　我国西南山区城镇建设用地适宜性评价单项因子指数取值

适宜等级	高度适宜(一等宜建地)	中度适宜(二等宜建地)	低度适宜(三等宜建地)
取值范围	100～80	80～60	60～40
具体取值	85	65	45

第二步：确定综合性适宜指数——山区建设用地综合适宜指数（CSI）

①计算方法

为了从整体上对中国西南山区宜建地的适宜程度等级做出相对合理的综合评定，这里提出一个定量的综合性评价指标，即山区建设用地综合适宜指数（Comprehensive Suitability Index of Construction Land in Mountain Areas，CSI），用以定量反映山区适宜建设用地的适宜性程度。其测算方法如下：

$$CSI = w_1 \cdot ITS + w_2 \cdot IFBC + w_3 \cdot IGD + w_4 \cdot ICC + w_5 \cdot IMC + w_6 \cdot IVIC + w_7 \cdot IWSD + w_8 \cdot IHCG + w_9 \cdot ITC + w_{10} \cdot IESD$$

上式中，ITS、IFBC、IGD、ICC、IMC、IVIC、IWSD、IGHC、ITC 和 IESD 分别为地形坡度指数（Index of Terrain Slope，ITS）、岩性、土质、水文条件与地基承载力指数（Index of the Lithology, Soil Texture, Hydrological Conditions and Foundation Bearing Capacity，IFBC）、地质灾害及其威胁程度指数（Index of Geological Disasters and its Threat Degree，IGD）、地面工程量与建设成本指数（Index of Quantity to the Ground and Construction Cost，ICC）、矿产压覆情况指数（Index of Mineral Cover Conditions，IMC）、通风、照度等气候条件指数（Index of Ventilation, Intensity of Illumination and Other Climate Conditions，IVIC）、供水、排水等条件指数（Index of Water Supply and Drainage Conditions，IWSD）、绿化的生境条件指数（Index of Habitat Conditions of Greening，IHCG）、交通条件指数（Index of Traffic Conditions，ITC）、生态敏感性与生态影响度指数（Index of Ecological Sensitivity and Ecological Effect Degree，IESD），w_1、w_2、w_3、w_4、w_5、w_6、w_7、w_8、w_9 和 w_{10} 分别为上述 10 个评价因子指数（ITS、IFBC、IGD、ICC、

IMC、IVIC、IWSD、IHCG、ITC 和 IESD）的权重值。

CSI 值越高，表示适宜建设用地的适宜性程度越高，亦即适宜程度等级也越高。

②指标权重的确定方法及结果值

一般来说，各评价指标对系统的影响程度是不同的，因此，在对系统进行综合评价时，通常需要确定各指标的权重值。这是中国西南山区城镇建设用地适宜性评价过程中的重要环节。权重的确定方法主要有主成分分析法（Principal Components Analysis）、层次分析法（Analytic Hierarchy Process，AHP）、德尔菲法（Delphi Method）（或专家咨询法）等。其中，德尔菲法是较为常用的方法，它通过组织专家对各因子的权重进行赋值或打分，在反馈概率估算结果后，由专家对各因子权重进行第二轮、第三轮打分，使分散的赋值逐渐收敛，最后得到较为协调一致的各因子权重值。

按照德尔菲法，2011 年 7～8 月我们组织了 15 位具有相关专业背景的专家对上述 10 个评价因子的权重进行赋值，经过相应处理后，得到了各层次指标的权重值（见表 3）。

表 3　山区建设用地适宜性评价参评因子及其权重值

评价因子	权重值	评价因子	权重值
1. 地形坡度	0.15	7. 供水、排水等条件	0.10
2. 岩性、土质、水文条件与地基承载力	0.12	8. 绿化的生境条件	0.06
3. 地质灾害及其威胁程度	0.14	9. 交通条件	0.06
4. 地面工程量与建设成本	0.10	10. 生态敏感性与生态影响度	0.12
5. 矿产压覆情况	0.08	合　计	1.00
6. 通风、照度等气候条件	0.07		

第三步：确定综合适宜程度等级

按照上述方法，运用 GIS 技术计算出每个评价单元的综合适宜指数（CSI）值，以此为依据来确定每个评价单元（图斑）的综合适宜程度等级。经反复分析，确定出具体划分综合适宜程度等级的标准（见表 4）。

表 4　中国西南山区建设用地综合适宜等级的划分指标

适宜等级	高度适宜(一等宜建地)	中度适宜(二等宜建地)	低度适宜(三等宜建地)
山区建设用地综合适宜指数（CSI）	>80	80～75	<75

3　研究结果分析与讨论

通过对芒市主要城镇周边（坝区周边）建设用地适宜性进行评价，得到了以下评价结果：

芒市主要城镇周边（坝区周边）缓坡地建设适宜性等级面积及比例见表 5，芒市城镇建设适宜地面积见表 6。

表5 芒市主要城镇周边缓坡地建设适宜性等级面积

单位：hm², %

乡（镇）	评价区域面积	宜建地面积		其中			不宜建土地		其中	
		合计	占评价区域面积	一等宜建地	二等宜建地	三等宜建地	合计	占评价区域面积	>25°陡坡地	其他限制型
勐焕街道办事处	387.84	373.15	96.21	25.44	82.43	265.28	14.70	3.79	0.52	14.18
芒市镇	11746.04	7601.41	64.71	519.27	3245.68	3836.46	4144.63	35.29	558.38	3586.25
遮放镇	17921.06	14662.99	81.82	2097.89	2843.46	9721.64	3258.07	18.18	585.25	2672.82
勐戛镇	14137.34	10100.30	71.44	570.31	4129.65	5400.34	4037.04	28.56	727.87	3309.17
芒海镇	1454.19	994.24	68.37	130.45	334.99	528.80	459.95	31.63	27.36	432.59
风平镇	12460.58	11244.86	90.24	2834.88	2796.52	5613.46	1215.72	9.76	169.64	1046.08
轩岗乡	8768.43	8102.32	92.40	552.66	2019.77	5529.89	666.11	7.60	91.72	574.39
江东乡	496.06	480.66	96.90	2.79	45.23	432.64	15.39	3.10	3.12	12.27
西山乡	4858.79	4509.56	92.81	301.75	781.51	3426.30	349.22	7.19	16.80	332.42
中山乡	0.00	0.00	0.00	0.00	0.00	0.00	0.00	0.00	0.00	0.00
三台山乡	2453.01	2276.28	92.80	56.90	713.02	1506.36	176.74	7.21	98.83	77.91
五岔路乡	1218.00	1217.59	99.97	7.89	108.10	1101.60	0.41	0.03	0.00	0.41
合 计	75901.34	61563.36	81.11	7100.23	17100.36	37362.77	14337.98	18.89	2279.49	12058.49

表6 芒市城镇建设适宜地面积

单位：hm²

乡（镇）	坝区面积	坝区周边缓坡宜建地面积	城镇建设适宜地合计
勐焕街道办事处	1601.95	373.15	1975.10
芒市镇	2982.39	7601.41	10583.80
遮放镇	8523.89	14662.99	23186.88
勐戛镇	861.7	10100.30	10962.00
芒海镇	0.00	994.24	994.24
风平镇	10339.55	11244.86	21584.41
轩岗乡	2534.79	8102.32	10637.11
江东乡	7.34	480.66	488.00
西山乡	31.56	4509.56	4541.12
中山乡	0.00	0.00	0.00
三台山乡	0.00	2276.28	2276.28
五岔路乡	0.00	1217.59	1217.59
合 计	26883.17	61563.36	88446.53

芒市主要城镇周边缓坡地建设适宜性评价结果表明，在评价区域内，宜建地面积达61563.36 hm²，占整个评价区域的81.11%；不宜建地面积为14337.9 hm²，占整个评价区域的18.89%。表5显示的不宜建设用地面积包括以下几类。

（1）坡度>25°、水土流失特别严重的顺坡建设地，面积为2279.49hm²，占不适宜建设用地面积的15.90%。

（2）因岩性、土质、水文条件与地基承载力低、有地质灾害点分布、生态敏感度高等因素限制而造成的不适宜建设地面积达 12058.49 hm²，占全部不适宜建设用地面积的 84.10%。

这一评价结果表明，对 >25°顺坡地及因其他因素限制而造成的不适宜建设地实施生态保护，避免建设对生态环境带来的影响和破坏；对 <25°顺坡地采取水土保持型技术工程等有利措施是芒市实现土地资源可持续利用和城镇建设与工矿等经济可持续发展的主导性战略措施。

在宜建地中，一等宜建地为 7100.23 hm²，占宜建地的 11.53%；二等宜建地为 17100.36 hm²，占宜建地的 27.78%；三等宜建地为 37362.77 hm²，占宜建地的 60.69%。可见，芒市主要城镇周边（坝区周边）缓坡宜建地以三等宜建地为主，一等宜建地、二等宜建地和三等宜建地的构成比例约为 12∶28∶60。上述 61563.36 hm² 宜建地是芒市各坝区周边缓坡地中的宜建地，未包括坝区。由于坝区各种条件较为优越，一般为当然的宜建地，因此，从市域城镇建设适宜地总规模来看，应当是坝区面积（26883.17 hm²）与坝区周边缓坡宜建地面积（61563.36 hm²）之和，即 88446.53 hm²，占全市土地总面积的 30.49%。

基本结论

在"建设用地上山"战略的实施过程中，对山区建设用地的适宜性评价是一项必不可少的基础性工作。本文结合我国西南山区特征，以云南省德宏州芒市为例进行西南山地城镇适宜性评价研究，建立了一套山区建设用地适宜性评价指标体系和评价方法，并借助 GIS 软件得出比较科学、合理的评价结果：在评价区域内，宜建地面积达 61563.36 hm²（81.11%），不宜建地面积为 14337.98 hm²（18.89%）；一等宜建地、二等宜建地和三等宜建地的构成比例约为 12∶28∶60；坡度 >25°、水土流失特别严重的顺坡地占不适宜建设用地面积的 15.90%，而因岩性、土质、水文条件与地基承载力低、有地质灾害点分布、生态敏感度高等限制而造成的不适宜建设地占不适宜建设用地面积的 84.10%；对 >25°顺坡地及因其他因素限制而造成的不适宜建设地实施生态保护，对 <25°顺坡地采取水土保持型技术工程等有利措施有助于芒市实现土地资源可持续利用和城镇建设与工矿等经济可持续发展。从对芒市评价的结果与可行性分析可以看出，通过调整城乡建设用地布局、强化坝区耕地保护这一举措，逐步将我国西南城乡建设用地调整到山区缓坡宜建地，这种方案不仅是必要的，也是完全可行的。

参考文献

［1］钮心毅、宋小冬：《基于土地开发政策的城市用地适宜性评价》［J］，《城市规划学报》2007 年第 2 期，第 57 ~ 61 页。

［2］张东明、吕翠华：《GIS 支持下的城市建设用地适宜性评价》［J］，《测绘通报》2010 年第 8 期，第 62 ~ 77 页。

［3］邓华灿：《基于 RS 与 GIS 的低丘缓坡建设用地开发研究》［D］，福建师范大学，2008 年 5 月。

［4］李犁：《人往宜居山坡移　田地留给子孙耕——省政府拟出台加强耕地保护促进城镇化科学发展土地政策措施》［N］，《云南日报》2011 年 5 月 12 日第 2 版。

［5］M Charci L. , *Design with Nature* ［M］. New York：Natural History Press，1969. 15 – 40.

［6］温华特：《城市建设用地适宜性评价研究——以金华市区为例》［D］，浙江大学硕士论文，2006 年 5 月。

Study on Constructive Land Suitability Evaluation in China's Southwestern Mountainous Areas: A Case in Mangshi, Yunnan Province

Yang Zi-sheng, Wang Hui, Zhang Bo-sheng

(Institute of Land & Resources and Sustainable Development, Yunnan University of Finance and Economics, Kunming 650221, China)

Abstract：According to the particularity of towns construction in China's southwestern mountainous areas, this study has built constructive land suitability evaluation index system which is different to flat area. Then this study determined single evaluation factors index and comprehensive suitability index using "extreme conditions method" and "suitability index method", and analyzed and assessed the constructive land suitability on each evaluation unit polygons and its suitability level by using GIS software. Taking Mangshi of Yunnan Province as an example to evaluate land suitability in mangshi's main cities and towns around the gentle slope, the results show that, in the evaluation area, the area of land suitable for construction and no- suitable for construction respectively account 81. 11% and 18.89% . And first-class, second and third-class of land suitable for construction should be composited the ratio of about 12 : 28 : 60. The suitability evaluation index system and method developed in this paper is applicable for evaluating the construction land suitability in mountainous areas of southwest-China, and will provide theoretical and technical support for land policy measures which strengthen the protection of farmland and promote the scientific development of urbanization.

Keywords：Mountainous area；Constructive land；Suitability evaluation；Mangshi

D. 附件

【**编者按**】云南财经大学国土资源与持续发展研究所成立于2004年1月6日。研究所成立10年以来，切实按照云南财经大学制定的"科研强校"战略，紧紧围绕"三高"（高档次的课题、高水平的论文和高级别的成果奖励），开创性地开展土地资源管理学科建设，大力提升云南财经大学土地资源管理学科在全国的影响力和竞争力，取得了较好的业绩。为了进一步激发师生们热爱研究所、建设研究所的激情，增强师生们奋发向上的信心和决心，也为了更多的人士了解我们研究所，在本文集的最后一部分，收录了3类附件。

一是"云南财经大学国土资源与持续发展研究所简介"。

二是附表，共5份，即云南财大国土资源所2004~2013年主要科研项目、云南财大国土资源所2004~2013年代表性研究论文、云南财大国土资源所2004~2013年主要研究专著、杨子生教授1997~2013年获省部级奖励成果、杨子生教授2004~2013年主编、副主编的全国性学术会议论文集。

三是附图，主要是反映我所师生业绩的代表性资质证书和获奖证书，包括云南财大国土资源所获得的全国甲级土地规划机构资质证书，杨子生教授2005年获得的云南省有突出贡献优秀专业技术人才三等奖证书，等等。

云南财经大学国土资源与持续发展
研究所简介

云南财经大学国土资源与持续发展研究所是 2004 年 1 月 6 日经云南财经大学党委批准成立的专职科研机构，直属学校管理。现任所长为杨子生教授。本所科研技术力量强，现有专兼职科研人员 24 人，其中教授和副教授（高工）13 人，讲师、助理研究员和工程师 7 人。主要研究方向为土地资源与土地利用规划、水土保持与土地生态整治、土地经济与土地政策、土地资源管理信息系统、国土安全与可持续发展。2012 年 9 月，又新开辟了"钓鱼岛开发与太平洋战略"研究方向。内设 6 个研究室（国土资源调查研究室、土地利用规划研究室、水土保持与土地生态整治研究室、土地经济与土地政策研究室、国土资源战略与可持续发展研究室、钓鱼岛开发与太平洋战略研究室），1 个校级重点实验室（云南财经大学山区土地利用与管理重点实验室，下设"山区土地生态整治与可持续管理实验室"和"3S 技术与土地利用实验室"），1 个培训中心（国土规划培训中心）。

本所 2005 年成为云南省第一个土地资源管理二级学科硕士学位授权点，2006 年土地资源管理学科成为校级土地资源管理重点学科。2007 年 6 月入选第一批全国甲级土地规划机构，现为云南省 7 家全国甲级土地规划机构之首。

研究所成立 10 年以来，切实按照"科研强校"战略，紧紧围绕"三高"（高档次的课题、高水平的论文和高级别的成果奖励），开创性地开展土地资源管理学科建设，大力提升云南财经大学土地资源管理学科在全国的影响力和竞争力，并获得喜人业绩。科研项目上，先后获得了 3 项国家自然科学基金资助项目、7 项云南省自然科学基金资助项目、1 项教育部人文社会科学基金项目、2 项云南省社科项目、6 项云南省教育厅科研基金项目以及云南省政府、国土资源部、地方政府与国土资源部门相关项目（课题）20 余项。科研成果上，2004 年以来共计出版了 7 本学术研究专著；发表了近 100 篇论文，有多篇论文被 SCI、EI 收录；获得了 2 项云南省科技进步二等奖、1 项云南省科技进步三等奖。此外，有 10 余篇论文获"全国土地资源优秀论文奖"一、二等奖。杨子生教授还于 2005 年获得了"云南省有突出贡献的优秀专业技术人才"三等奖。2013 年 10 月，杨子生教授荣获了首届"中国自然资源学会优秀科技奖"，袁睿佳副教授喜获首届"中国自然资源学会青年科技奖"。在培养硕士生方面亦取得了较好的业绩，近年来，有 2 名在读硕士生先后在著名的核心期刊《自然资源学报》（云南财经大学定为 AA 类期刊）上发表高质量论文，还有一批硕士生分别在《资源科学》等核心期刊和 CSSCI 收录期刊、EI 收录国际会议论文集等发表学术论文，有 2 位硕士生荣获了"研究生国家奖学金"，有 2 位硕士生获得了云南省教育厅科研基金项目。

本所长期立足于云南这一地理环境独特、土地利用复杂多样的典型山区省份，以"山区土地利用"为核心和特色，一直致力于山区土地资源评价与土地可持续利用、土地利用规划、耕地资源保护与粮食安全、土地整治、土地生态建设等方向的研究，现已形成了以"山区土地资源可持续利用与管理"为核心的特色研究方向。

在未来的科研舞台上，我所将进一步面向云南省委省政府加强山区综合开发、实施中低产田地改造、建设资源节约型与环境友好型社会以及山区新农村建设的战略需求，紧紧围绕"山区土地资源可持续利用与管理"这一核心领域，深入开展山区土地可持续利用评价、土地可持续利用模式、土地利用规划、土地生态整治、土地开发复垦整理、土地资源可持续管理等诸多方面的开创性研究，力争在云南山区土地资源可持续利用评价、战略模式、规划、整治和管理等方面取得重大研究成果，为推进云南省山区土地资源开发利用与可持续管理提供理论支持与技术支撑。

云南财大国土资源所愿与省内外国土资源部门、高校和学术组织密切协作，共创国土资源与持续发展事业的美好明天！

附表 1 云南财大国土资源所 2004～2013 年主要科研项目

序号	项目来源及编号	项目名称	项目负责人	经费总额（万元）	研究期限
1	国家自然科学基金项目（编号 40661010）	滇东南喀斯特石漠化土地整理及其水土保持效益研究	杨子生	20.00	2007.1～2009.12
2	国家自然科学基金项目（编号 40861014）	近八年退耕还林工程驱动下的云南不同地貌区土地利用变化及其生态效应研究	杨子生	25.00	2009.1～2011.12
3	国家自然科学基金项目（编号 41261018）	基于云南省城镇上山战略的山区建设用地适宜性评价原理与方法研究	杨子生	50.00	2013.1～2016.12
4	云南省自然科学基金项目（编号 2005D0030Q）	怒江水电支柱产业建设与生态脆弱区可持续发展研究	包广静	5.00	2005.8～2008.8
5	教育部人文社会科学基金项目（编号 06JC790034）	怒江水能资源开发与民族地区社会经济发展	包广静	3.00	2006～2009
6	云南省自然科学基金项目（编号 2007G078M）	基于耕地资源保护与管理的云南省粮食安全系统研究	杨子生	5.00	2007.8～2010.12
7	云南省自然科学基金项目（编号 2008CD145）	怒江干流梯级开发移民安置区土地生态安全研究	李智国	5.00	2008.8～2011.12

序号	项目来源及编号	项目名称	项目负责人	经费总额（万元）	研究期限
8	云南省自然科学基金项目（编号2008ZC065M）	云南典型矿区复合生态系统健康分析与管理研究	雷冬梅	5.00	2008.8 ~ 2011.12
9	云南省自然科学基金项目（编号2009ZC086M）	怒江限制开发区生态环境与社会经济协调发展研究	包广静	5.00	2009.8 ~ 2011.12
10	云南省自然科学基金项目（编号2009ZC089M）	云南农村弃耕撂荒现象调查与耕地生产潜力研究	陶文星	5.00	2009.8 ~ 2011.12
11	云南省自然科学基金项目（编号2010ZC096）	松华坝水库流域非点源污染的景观空间负荷研究	袁睿佳	5.00	2010.8 ~ 2012.12
12	云南省社科两院课题（云宣通〔2008〕54号）	基于生态容量分析对怒江水电开发与环境保护优化模式研究	雷冬梅	2.00	2008.8 ~ 2011.12
13	云南省人民政府	云南省水电建设移民安置用地规划研究	杨子生	25.00	2004 ~ 2006
14	云南省国土资源厅	云南省土地开发整理规划	杨子生	20.00	2004 ~ 2005
15	昆明市国土资源局	滇池流域土地利用规划专题研究	杨子生	10.00	2004 ~ 2005
16	云南省国土资源厅	云南省土地利用战略研究	杨子生	15.00	2005 ~ 2008
17	云南省国土资源厅	云南省耕地分布及变化与粮食安全研究	杨子生	12.00	2007.5 ~ 2007.12
18	云南省第二次全国土地调查领导小组办公室	云南省第二次全国土地调查中不同气候带（海拔层）耕地的调查方法与实例研究	杨子生	10.00	2007.12 ~ 2008.12
19	海南省土地储备整理交易中心	海南省琼海市土地利用总体规划修编	杨子生	60.00	2008.7 ~ 2010.12
20	中国土地勘测规划院	典型地区近八年生态退耕地块调查方法与实例研究	杨子生	20.00	2008.9 ~ 2010.12
21	瑞丽市国土资源局	瑞丽市土地利用总体规划	杨子生	46.00	2008.1 ~ 2011.06
22	国际混农林业研究中心（ICRAF）资助项目	保山市隆阳区茶山乡参与式村级规划研究	包广静	5.00	2008 ~ 2009
23	云南省第二次全国土地调查领导小组办公室	云南省第二次全国土地调查省级汇总文字成果编著及出版项目	杨子生	98.00	2009.12 ~ 2011.12
24	云南省土地学会	云南省五大地貌区典型县土地利用变化调查研究	杨子生	5.00	2010.4 ~ 2010.12
25	瑞丽市人民政府	瑞丽市完善土地利用总体规划编制	杨子生	96.00	2011.7 ~ 2012.12
26	云南省哲学社会科学规划项目（JCZX201204）	云南城市化进程中耕地利用与粮食安全对策研究	李智国	1.00	2012.7 ~ 2014.12
27	云南省教育厅科研基金项目（编号07C10415）	滇东南喀斯特山区土地利用动态变化及其可持续利用研究	陶文星	0.50	2007.7 ~ 2009.12
28	云南省教育厅科研基金项目（编号08Y0280）	基于土地利用空间管制规划的云南区域协调发展研究	包广静	0.70	2008.7 ~ 2011.12
29	云南省教育厅科研基金项目（编号09Y0280）	云南省城市化发展与耕地利用变化的相互关系研究	李智国	0.70	2009.7 ~ 2011.12
30	云南省教育厅科研基金项目（编号2010C048）	柴河水库流域土地利用格局与面源污染关系研究	袁睿佳	0.70	2010.7 ~ 2012.12
31	云南省教育厅科研基金项目（编号2012J037）	云南省防旱减灾重要出路探讨——保护"土壤水库"——雨水资源化	邹志龙	0.50	2012.7 ~ 2013.07
32	云南省教育厅科研基金项目（编号2013J022）	水贫困胁迫下的云南省耕地利用效应研究	邹金浪	0.50	2013.7 ~ 2014.07
33	云南省土地学会	云南省土地课题研究	杨子生	8.00	2013.4 ~ 2013.12

附表 2　云南财大国土资源所 2004～2013 年代表性研究论文

序号	论文名称	作者	发表期刊	年、卷、期及页码	备注
1	Soil erosion under different land use types and zones in Jinsha River Basin in Yunnan Province, China	Yang Zisheng and Liang Luohui	Journal of Mountain Science	2004, 1(1):46－56	
2	Land use change during 1960～2000 period and its eco-environmental effects in the middle and upper reaches of the Yangtze River: a case study in Yiliang County, Yunnan Province, China	Yang Zisheng, Liang Luohui, Liu Yansui, and He Yimei	Journal of Mountain Science	2004, 1(3):250－263	
3	Traditional land use for sustainable land use: The case of Yunnan Province, China	Yang Zisheng and Liang Luohui	In: Saskia Sassen and Peter Marcotullio eds. Human Resource System Challenge Ⅶ: Human Settlement Development, in Encyclopedia of Life Support Systems (EOLSS), Eolss Publishers, Oxford, UK, [http://www.eolss.net]. 2004	
4	山区水土流失防治与土地资源持续利用关系探讨	杨子生、刘彦随、卢艳霞	资源科学	2005,27(6):146～150	CSSCI 收录
5	Rehabilitation and sustainable use pattern of rocky-desertified land in southwest China's poverty-stricken karst mountainous areas: a case study in Benggu Township, Xichou County, Yunnan, China	Yang Zisheng, Liu Yansui, Bao Guangjing, Li Zhiguo, He Yimei	Journal of Mountain Science	2006, 3(3):237～246	
6	建立我国生态友好型土地利用战略的探讨	杨子生、刘彦随、贺一梅	资源科学	2007,29(6):120～127	CSSCI 收录
7	我国西部水电移民安置的土地资源需求与保障研究——以云南省为例	杨子生、杨咙霏、刘彦随等	水力发电学报	2007,26(2):9～13	EI 收录
8	Jingjing Xu and Qiaogui Zhao. Method for evaluating the degrees of land use sustainability of mountainous county and its application in Yunnan Province, China	Yang Zisheng	Journal of Mountain Science	2008, 5(2):98～112	SCI 收录
10	山区县域土地利用生态友好性评价原理、方法及实践	杨子生、刘彦随、贺一梅等	自然资源学报	2008,23(4):600～611	AA 类；CSSCI 收录
11	Soil erosion and its basic characteristics at karst rocky-desertified land consolidation area: A case study at Muzhe Village of Xichou County in Southeast Yunnan, China	Yang Zisheng	Journal of Mountain Science	2010, 7(1):55～72	SCI 收录

序号	论文名称	作者	发表期刊	年、卷、期及页码	备注
12	Regional hydropolitics of the transboundary impacts of the Lancang cascade dams	Li Zhiguo	Water International	2011，36（3）：328～339	SCI 收录
13	Soil erosion control degree of the project of converting farmland to forest in mountainous areas at China's southwest border：A case study in Mangshi，Yunnan Province	Yang Zisheng，Han Huali，Zhao Qiaogui	Journal of Mountain Science	2011，8（6）：845～854	SCI 收录
14	Discussion on land use science	Yang Zisheng	In：FENG Changgen，NIU Peihuan，LI Shengcai，SHEN Aimin，WANG Wulin eds. The Proceedings of the China Association for Science and Technology，Vol. 7，No. 1. Beijing：Science Press，2011. 271–280	
15	中国耕地利用变化与城市化发展关系综述	李智国	中国土地科学	2011，25（1）：84～88	CSSCI 收录
16	退耕还林工程驱动下的土地利用变化合理性研究——以云南芒市为例	杨子生、韩华丽、朱玉碧等	自然资源学报	2011，26（5）：733～745	AA 类；CSSCI 收录
17	土地利用功能分区若干问题探讨——以云南德宏州为例	陈星怡、杨子生	自然资源学报	2012，27（5）：845～855	AA 类；CSSCI 收录
18	Study on the indicator system for evaluating the suitability of the mountainous land for construction	Wu Zhilong，Yang Zisheng	In：Engineering and Urban Planning 2012 – Proceedings of the 2012 International Conference on Civil Engineering and Urban Planning		EI 收录
19	我国城镇建设用地节地模式初探	张宇欣、杨子生	经济问题探索	2012，（1）：1～6	CSSCI 收录
20	中国钓鱼诸岛及附近海域资源开发利用的初步探讨	杨子生	《中国水治理与可持续发展研究》，社会科学文献出版社，2012，第3～18页		
21	不同城市化水平下中国粮食主产区耕地集约利用差异及其政策启示——以江西省和江苏省为例	邹金浪、杨子生	资源科学	2013，35（2）：370～379	CSSCI 收录
22	中国耕地利用投入的时空差异	邹金浪、杨子生	自然资源学报	2013，28（7）：1083～1093	AA 类；CSSCI 收录
23	试论土地利用功能分区与土地用途分区的区别与联系	杨子生、张宇欣、费燕等	《中国农村土地整治与城乡协调发展研究》，贵州科技出版社，2013，第35～42页		2012 年 7 月获全国土地资源优秀论文一等奖
24	Shrub encroachment with increasing anthropogenic disturbance in the semiarid Inner Mongolian grasslands of China	Peng Hai-ying，Li Xiao-yan，Li Guang-yong，et al.	Catena	2013，109：39～48	SCI 收录
25	内蒙古典型草原灌丛化对生物量和生物多样性的影响	彭海英、李小雁、童绍玉	生态学报	2013，33（22）：7221～7229	

附表3 云南财大国土资源所 2004～2013 年主要研究专著

序号	专著名称	作者	出版社	出版年月	书号	字数（万字）
1	云南省土地开发整理规划	杨子生、姜锦云、胡珀等	云南科技出版社	2006－03	ISBN 7－5416－2329－9/S·375	49
2	云南省大中型水电建设移民安置用地规划研究	杨子生、刘彦随、胡珀等	中国科学技术出版社	2006－06	ISBN 7－5046－4378－5/F·439	30
3	中国山区生态友好型土地利用研究——以云南省为例	杨子生、刘彦随	中国科学技术出版社	2007－04	ISBN978－7－5046－4762－7/F·513	40
4	基于耕地资源利用的区域粮食安全评估原理·方法及其在云南的实践	杨子生、刘彦随、赵乔贵	中国科学技术出版社	2008－04	ISBN978－7－5046－4882－2/F·568	40
5	中国西南喀斯特石漠化土地整理及其水土保持效益研究——以滇东南西畴县为例	杨子生	中国科学技术出版社	2009－11	ISBN978－7－5046－5546－2/P·133	20
6	中国退耕还林工程驱动下的云南不同地貌区土地利用变化及其生态效应研究	杨子生	中国科学技术出版社	2011－12	ISBN978－7－5046－5965－1/F·720	26
7	滇池流域"源""汇"景观格局与非点源污染负荷研究	袁睿佳	中国科学技术出版社	2012－04	ISBN 978－7－5046－6055－8/X·112	20

附表4 杨子生教授 1997～2013 年获省部级奖励成果

序号	获奖项目名称	科技奖励名称	奖励等级	授奖部门	授奖年月	主要获奖人员
1	云南省农业自然灾害区划研究	云南省农业资源区划优秀科技成果奖	一等奖	云南省农业区划委员会	1997年12月	杨子生、谢应齐、吴兆录
		云南省科学技术进步奖	二等奖	云南省人民政府	1998年12月	
2	长江上游滇东北山区坡耕地水土流失与可持续利用研究	云南省科学技术奖（科学技术进步奖）	三等奖	云南省人民政府	2001年8月	杨子生、谢应齐、王云鹏、贺一梅、彭明春、田敏
3	云南省土地资源详查	云南省科学技术奖（科学技术进步奖）	三等奖	云南省人民政府	2001年8月	郝锋、全健、陈安、杨子生、陈昌琼、秦火春等
4	德宏傣族景颇族自治州土地利用总体规划（1997～2010年）	国土资源部土地利用规划优秀成果奖	二等奖	国土资源部	2001年6月	杨子生、陈昌琼、杨升吉、向书华、余文忠、贺一梅等

续表

序号	获奖项目名称	科技奖励名称	奖励等级	授奖部门	授奖年月	主要获奖人员
5	华坪县土地利用总体规划与基本农田保护区规划研究	云南省土地管理局科技进步奖	一等奖	云南省土地管理局	1997 年 12 月	杨子生、周贵翔、陈昌琼、赵咏梅、贺一梅、吴跃红等
		云南省科学技术奖（科学技术进步奖）	三等奖	云南省人民政府	2003 年 5 月	
6	中国西部大开发云南省土地资源开发利用规划研究	云南省科学技术奖（科学技术进步奖）	二等奖	云南省人民政府	2004 年 6 月	杨子生、李云辉、邹忠、贺一梅、李笠、张洪
7	云南金沙江流域水土流失与土地利用安全格局研究	云南省科学技术奖（科学技术进步奖）	三等奖	云南省人民政府	2006 年 3 月	杨子生、刘彦随、贺一梅、王云鹏、李云辉、张义琳
8	中国山区生态友好型土地利用研究——以云南省为例	云南省科学技术奖（科学技术进步奖）	二等奖	云南省人民政府	2010 年 4 月	杨子生、刘彦随、贺一梅、郭丽英、陶文星、许婧婧、李智国、杨咙霏

附表 5　杨子生教授 2004～2013 年主编、副主编的全国性学术会议论文集

序号	全国性学术会议论文集名称	主编和副主编	出版社	出版年月	书号	字数（万字）
1	中国土地资源态势与持续利用研究	倪绍祥、刘彦随、杨子生主编	云南科技出版社	2004 年 7 月	ISBN 7 - 5416 - 1993 - 0/S·315	143
2	中国土地资源战略与区域协调发展研究	刘彦随主编，胡宝清、杨子生、董玉祥副主编	气象出版社	2006 年 7 月	ISBN 7 - 5029 - 4161 - 4/X·0120	150
3	中国土地资源可持续利用与新农村建设研究	刘彦随主编，廖和平、杨子生、龙花楼副主编	西南师范大学出版社	2008 年 7 月	ISBN 978 - 7 - 5621 - 4148 - 8	200
4	中国山区土地资源开发利用与人地协调发展研究	刘彦随、杨子生、赵乔贵主编	中国科学技术出版社	2010 年 6 月	ISBN 978 - 7 - 5046 - 5635 - 3/F·693	156
5	中国农村土地整治与城乡协调发展研究	刘彦随、熊康宁、但文红主编，杨子生、龙花楼、郭丽英副主编	贵州科技出版社	2013 年 4 月	ISBN 978 - 7 - 5532 - 0088 - 0	110
6	中国土地资源开发利用与生态文明建设研究	刘彦随、卓玛措主编，杨子生、龙花楼、郭丽英副主编	青海民族出版社	2013 年 7 月	ISBN 978 - 7 - 5420 - 1963 - 9	150
7	中国水治理与可持续发展研究	杨子生主编，吴德美副主编	社会科学文献出版社	2012 年 12 月	ISBN 978 - 7 - 5097 - 4257 - 0	73

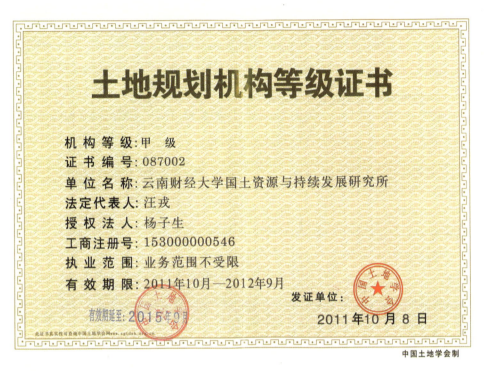

附图1　云南财大国土资源所的全国甲级土地规划机构资质证书

附图2　杨子生教授 2005 年获得的云南省有突出贡献的优秀专业技术人才三等奖证书

为表彰在土地利用规划工作中做出突出贡献者，特颁发此证书，以资鼓励。

获奖项目: 云南省德宏傣族景颇族自治州土地利用总体规划

获 奖 者: 杨子生

奖励等级: 二等奖

奖励日期: 二〇〇一年六月一日

证 书 号: 25-02-001

附图3　杨子生教授2001年获得的国土资源部土地利用规划优秀成果二等奖证书

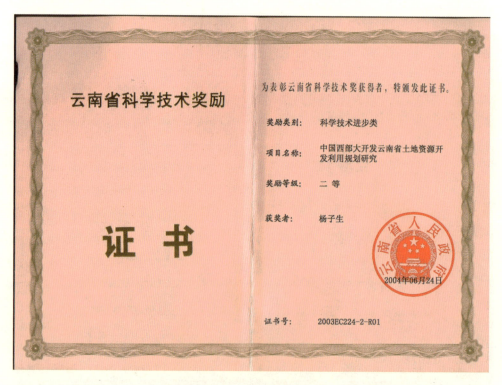

云南省科学技术奖励

证书

为表彰云南省科学技术奖获得者，特颁发此证书。

奖励类别: 科学技术进步类

项目名称: 中国西部大开发云南省土地资源开发利用规划研究

奖励等级: 二 等

获奖者: 杨子生

2004年06月24日

证书号: 2003EC224-2-R01

附图4　杨子生教授2004年获得的云南省科学技术奖——科技进步二等奖证书

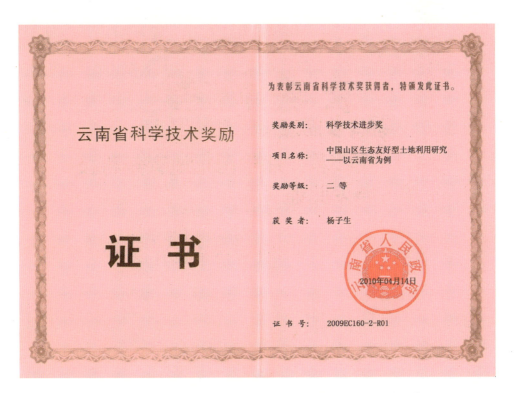

附图5　杨子生教授 2010 年获得的云南省科学技术奖——科技进步二等奖证书

附图6　杨子生等 2013 年获得的全国土地资源优秀论文一等奖证书

附图 7　杨子生教授 2000 年获得的第二届中国土地青年科技奖证书

附图 8　邬志龙同学 2012 年获得的硕士研究生国家奖学金荣誉证书

附图 9　杨子生教授 2013 年获得的首届中国自然资源学会优秀科技奖证书

荣誉证书

HONOR CERTIFICATE

授予：

袁睿佳 同志

中国自然资源学会青年科技奖

荣誉称号

中国自然资源学会
2013年10月

附图 10　袁睿佳副教授 2013 年获得的首届中国自然资源学会青年科技奖证书

附图 11　论文《我国钓鱼岛地区土地利用规划的初步构想》插图 1：
钓鱼岛影像图

资料来源：《中华人民共和国钓鱼岛及其附近岛屿》（专题地图），中国地图出版社，2012。

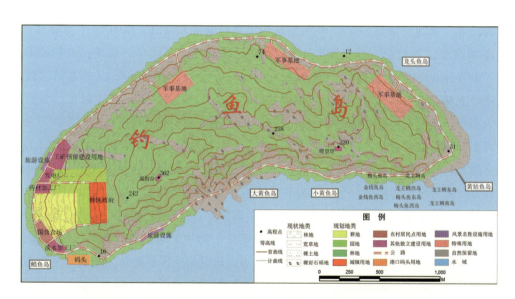

附图 12　论文《我国钓鱼岛地区土地利用规划的初步构想》插图 2：
钓鱼岛土地利用规划构想图

资料来源：《中华人民共和国钓鱼岛及其附近岛屿》（专题地图），中国地图出版社，2012。

后　记

　　光阴似箭！眨眼间，云南财经大学国土资源与持续发展研究所迎来了 10 岁的生日（2004. 1. 6 ~ 2014. 1. 6）。10 年，在历史的长河中，仅仅是极其短暂的一瞬间，然而，对于一个人来说，他（或她）能有多少个 10 年？所以，我们非常珍惜研究所的 10 岁生日。

　　在这 10 年里，我们走过了一条并不平坦的路，既有过许多成功的喜悦，也有过不少失败的沮丧，还有过些许困惑。总体上，感觉与人生的味道类似，研究所的 10 年发展之路也是酸甜苦辣咸"五味俱全"！这或许是正常的发展规律。我们有过激情，有过向往，但也有过失望。对于未来，我们更多的是美好的憧憬。在举国上下正在谈论和思考"中国梦"之时，云南财大国土资源所也有着自己的梦——"国土梦"，那就是，通过全体师生的共同努力，将我所建成全国知名的国土资源研究所，为振兴中华和实现"中国梦"贡献自己的一份力量！

　　尽管在当前特定的环境条件下，我们只希望静悄悄地、低调地祝贺自己的 10 岁生日。然而，思来想去，总是觉得在研究所 10 岁生日之际该做点什么，该为后来者留下点什么。通过与部分教师和研究生谈论此事，觉得办个研究所成立十周年纪念会是必要的，也是有意义的。通过纪念活动，可以极大地激发师生们热爱研究所、建设研究所的激情，增强师生们奋发向上的信心和决心，从而更好地建设研究所。

　　经过思考，研究所成立十周年纪念会决定采取"以文会友"的方式，在研究所 10 岁生日之际（2014 年 1 月 6 日），由云南财经大学国土资源与持续发展研究所和中国自然资源学会土地资源研究专业委员会联合举办"2014'中国土地开发整治与建设用地上山学术研讨会"，并在会前正式出版云南财经大学国土资源与持续发展研究所成立十周年纪念暨 2014'中国土地开发整治与建设用地上山学术研讨会论文集——《中国土地开发整治与建设用地上山研究》。这一学术研讨活动得到了中国自然资源学会土地资源研究专业委员会的积极响应和大力支持。

　　本论文集收录了我们近期撰写的 12 篇学术研究论文，内容涉及土地利用规划、土地整治与土地整治规划基础研究、建设用地上山研究等重要战略方面和热点研究领域。这些论文从不同的角度与侧面探讨了土地资源开发利用与整治领域的重大问题。其中，《我国钓鱼岛地区土地利用规划的初步构想》一文，系 2013 年 5 月 31 日 ~ 6 月 1 日在台湾政治大学举行的 "2013 年海峡两岸水治理与永续发展" 学术研讨会和 2013 年 7 月 22 ~ 23 日举行的 2013' 全国土地资源开发利用与生态文明建设学术研讨会上所做的学术报告，并获全国土地资源优秀论文一等奖。此外，需要说明的是，本论文集大部分为尚未发表的新论文，*Study on the Indicator System for Evaluating the Suitability of the Mountainous Land for Construction* 和《云南坝区耕地保护对策的探讨》2 篇论文在 2013' 全国土地资源开发利用与生态文明建设学术研讨会论文集《中国土地资源开发利用与生态文明建设研究》（刘彦随、卓玛措主编，青海民族出版社，2013）中发表，但出版社在编辑和排版时不慎将这 2 篇论文首页脚注处标注的 "Foundation item：Supported by the National Natural Science Foundation of China（No. 41261018）" 和 "基金项目：国家自然科学基金项目（41261018）" 字样弄丢，这对笔者主持的国家自然科学基金资助项目 "基于云南省城镇上山战略的山区建设用地适宜性评价原理与方法研究"（编号 41261018）在未来结题时有一定的影响，因而特将这 2 篇论文编入这本纪念文集里。

　　本论文集的出版，应归功于云南财经大学国土资源与持续发展研究所师生对本所成立十周年纪念暨 2014' 中国土地开发整治与建设用地上山学术研讨会的积极响应和大力支持，许多研究生认真撰写和及时提交论文，保证了论文征集和组稿工作的顺利进行。可以说，本论文集的问世凝聚了我所师生的辛勤汗水和心血。本论文集的出版，离不开中国自然资源学会土地资源研究专业委员会的支持，尤其是中国自然资源学会土地资源研究专业委员会主任、中国地理学会农业地理与乡村发展专业委员会主任、中国科学院地理科学与资源研究所区域农业与农村发展研究中心主任、中国科学院地理科学与资源研究所土地利用规划研究中心常务副主任、国土资源部退化及未利用土地整治工程重点实验室副主任、北京师范大学长江学者特聘教授刘彦随先生不仅给予了热情鞭策、鼓励和支持，还亲自为本论文集作序，使本论文集锦上添花；本论文集的顺利出版还应归功于云南财经大学领导和相关部门的大力支持。在本论文集的编辑出版过程中，还得到了众多人士的大力支持和帮助，云南财经大学国土资源与持续发展研究所部分教师和研究生参与了论文集大量的处理和加工工作，社会科学文献出版社编辑在论文集的编辑出版方面付出了大量辛勤努力。

　　借此机会，谨向 10 年来所有支持、帮助和关心云南财经大学国土资源与持续发展研究所发展和建设的各位领导、专家学者和有关人士表示最诚挚的感谢！

　　值得指出的是，尽管我们对本论文集的编辑与出版的每一环节都给予了认真的把关，但因时间仓促，书中难免有不妥甚至谬误之处。同时，作为学术论文集，本书旨在抒各家之见，扬争鸣之风，并不苛求观点之一致。还有，作为学术会议论文集，原则上实行文责自负。总之，所有不足之处，敬请各位专家学者和广大读者给予理解并不吝赐教。

杨子生

2013 年 12 月于昆明

图书在版编目（CIP）数据

中国土地开发整治与建设用地上山研究/杨子生主编. —北京：
社会科学文献出版社，2013.12
ISBN 978 - 7 - 5097 - 5422 - 1

Ⅰ.①中…　Ⅱ.①杨…　Ⅲ.①土地资源 - 资源开发 - 中国 - 文集
②土地整理 - 中国 - 文集　Ⅳ.①F323.211 - 53

中国版本图书馆 CIP 数据核字（2013）第 293102 号

中国土地开发整治与建设用地上山研究

主　　编／杨子生

出 版 人／谢寿光
出 版 者／社会科学文献出版社
地　　址／北京市西城区北三环中路甲 29 号院 3 号楼华龙大厦
邮政编码／100029

责任部门／经济与管理出版中心（010）59367226　　　责任编辑／蔡莎莎
电子信箱／caijingbu@ ssap.cn　　　　　　　　　　　责任校对／李　俊
项目统筹／恽　薇　蔡莎莎　　　　　　　　　　　　　责任印制／岳　阳
经　　销／社会科学文献出版社市场营销中心（010）59367081　59367089
读者服务／读者服务中心（010）59367028

印　　装／三河市东方印刷有限公司
开　　本／787mm×1092mm　1/16　　　　　　　印　　张／8.75
版　　次／2013 年 12 月第 1 版　　　　　　　　彩插印张／0.75 千字
印　　次／2013 年 12 月第 1 次印刷　　　　　　字　　数／198 千字
书　　号／ISBN 978 - 7 - 5097 - 5422 - 1
定　　价／49.00 元